2019年大分断する世界

アメリカが本気で親中国家を排除する

宮崎正弘×渡邉哲也

ビジネス社

序章　米中はAI開発で世界を大分断するだろう

宮崎正弘

GAFA vs. BAT戦争の本質

リオデジャネイロで開催されたG20の直前に中国語の新聞は米中の対決を「ゴジラ同士の衝突」と譬喩《ひゆ》していたが、筆者はこの表現が実態とたいそう乖離《かいり》しているなぁと感じた。つまり軍事力の彼我の差ばかりか、中国のファーウェイ（華為技術）やZTE（中興通訊）の技術力と、米国ファイスブックやマイクロソフトのそれとを、まるで対等に扱っているではないか。

実態はまだ大人と子供、げんに一橋大学のイノベーション研究センターと「日本経済新聞」が行ったランキングでは、①フェイスブック②アマゾン③アルファベット（グーグル）④アップル⑤ネットフリックス⑥マイクロソフト⑦インテル⑨AT&Tと米国勢がならび、ようやく⑨に中国のアリババが顔を出す（ちなみにトヨタは⑪）。

米中のハイテク力の格差はこれほど明瞭《めいりょう》に違う。

メディアがもてはやすのは「GAFA vs. BAT」である。米国勢がGAFA（グーグル、アップル、ファイスブック、アマゾン）。これに対抗する中国勢がBAT（バイドゥ＝百度、アリババ、テンセント）。この決戦はすでに始まっている事実経過は本書でも縷々《るる》述べている。

トランプ政権はZTE（中興通訊）に巨額の罰金を課し、地上局設備、通信機器などを米国市場から排斥した。米国製の半導体が輸入できずZTEは経営危機に陥った。

ようするに集積回路を中国は自製できないのだ。

ましてファーウェイ（華為技術）のスマホは米国の連邦職員、軍、公務員、警察が使用を禁止された。同じく半導体の自製能力に劣るため、最大の供給先である台湾TSMCが米国からの圧力で供給をやめれば同社のスマホは干しあがるだろう。そのうえファーウェイ副社長の孟《もう》晩舟《ばんしゅう》をスパイ容疑、イランへの不正送金で拘束した。

日本ではほとんど報じられなかったが、じつは同じ日にサンフランシスコで或る高名な中国人学者が自殺している。スタンフォード大学の張首晟《ちょうしゅせい》教授が、十二月一日、同大学で開催されたパーティがはねて、サンフランシスコに戻るとビルから飛び降りたのである。享年五五歳。一種「怪死」である。

この飛び降り自殺の事件がファーウェイ副社長の逮捕といかなる関連があるのか。じつは張教授主宰の「丹華資本」（デジタル・ホライゾン・キャピタル）を米FBIが警戒中だった事実が、この事件の背景と重なる。

張首晟教授は一五歳で神童とされ、上海の名門「復旦大学」に入学し、その後、ドイツ自由大学、ニューヨーク州立大学へ留学、三〇歳の若さでカリフォルニアの名門校スタンフォード大学教授（物理学）となった。同僚の多くが「ノーベル賞に一番近い天才肌の学者」と太鼓判を捺《お》すほどの業績を挙げた。自殺という悲報を聞いてスタンフォード大学教授のステーヴ・キベルソンは哀悼の書簡を公表した。

こういう人物を中国が放置するはずがあろうか。突如、張首晟教授は「丹華資本」という得体の知れない「ファンド」を立ち上げ、とりわけ「AI」（人工知能）研究の学者や学究の卵を集め始める。資金は四〇〇億円あったそうな。

また二〇一八年五月には上海科技大学の特任教授に推挽《すいばん》された。この大学の学長は江沢民《こうたくみん》の息子・江綿恒《こうめんこう》である。

AI技術、量子物理学の先端エンジニアに投資する動きは、動いている資金も膨大であり、なおかつバックが不透明なために、USTRが「スーパー301条」の対象としてリストに挙げていた。謎は深まるばかりだった。

第一に「丹華資本」なる実態のないファンドが本当は何をしていたのか？

第二に奇しくも張教授が突然の自殺に走る直前、バンクーバーでファーウェイ副社長の孟晩舟が逮捕拘束されている。この二人のつながりは如何《いか》に？

第三にスーパー301条の捜査対象にリストアップされていた事実は、米国が同ファンドをスパイ機関ではないかと疑っていたことを意味する。

さて、米中のハイテク戦争に戻ると、米国の強い姿勢に英、豪、カナダ、ニュージーランドが同調し、ようやく日本も自粛を表明、つまり排撃に動く。そのうえ、日本は日米欧で「データ流通圏」を形成し、機密データなどが圏外に流失した場合は課徴金を課すというシステムを検討している。世界の情報空間の二極化の予兆である。

一方、ビッグデータをたっぷりと貯め込み、中国共産党という独裁政権が押しつける情報管理に貢献してきBAT勢はどうかと言えば、アリババならびに百度、テンセントは共産党の命令に従わざるをえなくなり、動揺激しく、これまでの順風満帆という市場形成は困難になった。

こうみてくると、米中のAIをめぐる戦争は「ハイテク冷戦」と概括することができる。

米国は自ら開発した次世代AI、ITをもはや中国に供給することはない。したがって中国は別系統のAIソフトウエアで独自の影響圏を築くしかない。米中は「ソフトウエア・カーテン」で仕切られるという近未来はすぐそこに来ている。

石油の自足ができなくなる中国は戦争を戦う意思はあっても、海上封鎖に遭えば苦境に陥る。となると対外戦争どころか石油備蓄の争奪戦が地域軍閥で展開され、ここにアリババなどに蓄積されたビッグデータ争奪の国内軍閥戦争が起きる。それが中国軍の宿痾《しゅくあ》であり、軍閥同士の利権争奪、将来の主導権確保、つまり国内覇権争奪は中国人に染みこんだＤＮＡの為せる業である。

中国のＩＴ学者、李開復《りかいふく》が予言している。

「ＡＩに関して中国と米国はパラレル宇宙を構成する。両陣営は二系統の別々なＡＩ技術によってこの世界を二分するだろう」

半導体もＡＩも「半熟」状態の中国が、しかし最先端の米国と伍すことが可能なのはＡＩが経験工学ではないからだ。たとえば固定電話時代からいきなり携帯時代に突入した中国は消費においても現金からカード時代を超えて、いきなりスマホ決済時代に突入した。同様に設計図とソフトを米国から盗み出し、見よう見まねの自給体制を確立し、ファーウェイが世界の奥地でも使われているように、世界を席巻しようとしてきた。この現実を前にまだ中国に夢を追うＡＩやＩＴ産業はいずれ米国が仕掛けるであろう「新ココム」によって制裁の対象にさえなる。

ＡＩ世界分割戦争が開始されている。

南アジア、アフリカでも加速する米中全面対立

さらに世界的なパワーゲームでも、次第に中国が「一帯一路」の失敗によって劣勢に陥ったことが明らかである。

インド洋に転々と拡がる島嶼《とうしょ》国家のモルディブ。親中派のヤミーン前大統領を大差で破って、大統領ポストを射止めたソリは、初めての外遊先を中国ではなく、インドとした。このことは、南アジアにおける地政学の地殻変動を物語るだろう。

モルディブの新大統領ソリは、十二月十六日にニューデリー入りした。モディ首相らインド政府要人と会見し、かなり込み入った討議をした。モルディブは、中国が受注した空港拡張工事、ならびに首都マーレと海の上を結ぶ海上橋梁《きょうりょう》など合計一三億ドル（モルディブのＧＤＰは三〇億ドル）の「借金の罠《わな》」に落ちて、南の珊瑚礁にあるインド空軍基地を追い出す構えにあった。背後に中国の暗躍があり、中国は借金のカタにモルディブの一六の岩礁を借り受け、突貫工事で埋めたてて人工島を建設し、軍事基地化する野望があった。

モルディブは、この中国からの借金の返済に窮しており、先例は隣国スリランカが、借金を

返済できずにハンバントタ港を九九年にわたる中国の租借を認めざるをえなかったように、先にこの財務問題を解決する必要がある。

ソリはインドからの立て替え返済を要求したとされるが、インドは捲《けん》土《ど》重来《ちょうらい》を期すために二〇億ドルの信用供与という大胆な措置を講じた。


このモルディブに政治的文化的な影響力を持つのはスリランカである。

昨師走の十二月十四日、スリランカ政争がようやく解決した。七週間、国政が大混乱したのも、セリナセ大統領が、突如、元大統領を首相に指名したため、寝耳に水のウィクラマシンハ首相が辞任措置を断乎はねのけて、議会が空転した。

ラジャパクサ元大統領は親中路線を驀進《ばくしん》し、「中国の借金の罠」に陥没してハンバントタ港を九九年間、中国が租借して軍港として使うことになった失策の張本人。なぜこのような親中派を首相に任命しなければならなくなったのかと言えば、連立相手の政党が連立政権から脱落し、ラジャパクサ元大統領派にくっついたため議席バランスが壊れたからだった。

スリランカの混乱は七週間続いて、最高裁がラジャパクサ元大統領の首相就任に「合法性が認められない」としたため納得、首相就任を辞退した。現職のウィクラマシンハ首相が復帰した。インドは舞台裏で政治工作を展開したようである。

インドが次に対策を講じるのは中国と国境紛争をかかえるブータンへの梃子入れ《てこい》。そしてマオイスト政権に転覆し反インド姿勢を鮮明にしているネパール、さらにはミャンマーとの国境近くに位置するチッタゴン港の近代化工事と開発を中国企業が行っているという安全保障上の脅威の存在を除去する必要がある。

実質的には、それほどの中国の進出ぶりを脅威視しており、南アジアの地域リーダーとしての立場を回復するためにも、インドは静かな影響力行使を続けている。

トランプ政権は、このインドへの梃子入れを強化する一方で、そのインド洋航路が西へ向かって突き当たるのが「アフリカの角」。そこから紅海、欧州へ中国の脅威は深まったため、米国はアフリカ対策も真剣に再検討している。

ジョン・ボルトン大統領補佐官（国家安全保障担当）は十二月十四日、ワシントンのシンクタンクで保守系の「ヘリティジ財団」で講演し、ＢＲＩ（一帯一路）の猛烈なアフリカへの食い込みに注意を喚起した。

アフリカに対しての中国の遣り方は「借金の罠であり、すでに返済不能の金額に達した国々が目立つ。とりわけ軍事基地を設営したジブチ、ならびに都市をまるごと建設してもらったアンゴラなど、すでに中国とアフリカの貿易は一七〇〇億ドル（ちなみに米国は三三〇億ドル）、二〇〇七年以降、アフリカにおける経済進出はどの旧宗主国との合計より、中国が多い」と発言した。

さらに、とボルトンは付け加えて「中国は一帯一路関連として、向こう三年間で六〇〇億ドルをアフリカ諸国に投じると発表している。ロシアと同様に武器、エネルギーなどの交易で、国連における票を買うことにもつながる」。

米国がとくに問題視しているのはジブチである。

米軍基地のとなりに中国は軍事基地を造成し、すでに一万近い人民解放軍兵士が駐屯しているが、「マンデブ海峡から紅海ルートはスエズ運河を越えて欧州への重大なシーレーンであり、このルートの安全保障が中国の脅威に晒《さら》されている現実は、西側への重圧である」とボルトンは講演を締め括った。ロシア強硬論で知られるボルトン補佐官が中国に対してロシア以上の脅威と総括したことに留意したい。

ことほど左様に世界史のゲームは、その政治、経済、軍事において激しいスピードで変化しており、わけてもＡＩとＩＴ関連のハイテク戦争が、次の覇権を決めるだろう。

世界が二極化する近未来に私たちは備える必要がある。

米中はAI開発で世界を大分断するだろう

宮崎正弘

序章

第1章 「アメリカの本気」にようやく目覚めた日本企業

第2章 国家破綻前夜を迎える中国経済

第3章 貿易戦争に疲弊し米国へ「朝貢」する習近平

第4章 韓国は日米の「敵国」になる

第5章 GAFAバブル崩壊? 断末魔の独仏は中国と無理心中

第6章　中東大地殻変動、中国大崩壊

第1章

「アメリカの本気」に
ようやく目覚めた日本企業

アメリカが国家の命運をかけているときに経済活動の自由はない

宮崎　いまや米中は、準戦争状態ですね。この本質的事態を見誤ると日本はたいへんなことになりかねない。二〇一八年の十一月末にアルゼンチンの首都ブエノスアイレスで行なわれたG20（二〇カ国・地域首脳会議）中に開催された米中首脳会談において、米国が二〇一九年一月一日から予定していた二〇〇〇億ドル分の中国製品に対する輸入関税二五％への引き上げを九〇日間延期したことをもって、「貿易戦争の休戦」と報道する向きもありました。まったくそうではありません。中国は知的財産権保護や国有銀行問題、貿易慣行などの是正を呑まされたわけですが、そのような改革がたった九〇日でできるはずがない。一二年に習近平政権が発足して以来、六年経ってもできなかったのですから。

中国への「宣戦布告」と報じられたペンス演説から米国の中国への姿勢は「休戦」どころか、追い打ちをかけている。

渡邉　おっしゃるとおりです。私はこれにより米中の貿易戦争は、当初の「貿易赤字」から「仕組みと構造」へと変化したとみています。関税から非関税障壁の問題に転換し、金額から「質」への問題にシフトしました。米中間の貿易摩擦は単なる通商問題ではなく、次代のハイテクノロジー覇権や軍事覇権をめぐる争いです。そのため、より本質的な解決は遠のいているといっていいでしょう。

それゆえ関税率などの数字は最初から重要な問題ではなく、中国共産党が絶対に呑めない「構造改革」を迫るための手段の一つにすぎなかった。

宮崎　米中貿易戦争の最新分析はあとの章で議論するとして、ここでは日本政府および日本企業に対し、もはやビジネスのレベルは終了した、「アメリカは本気なのだ」という事実の警鐘を乱打したいと思います。

国家が命運をかけている時局にあっては、「経済」は「政治」に従属するしかありません。目先の商売より国家安全保障のほうが大事だとする人たちがホワイトハウスに陣取っている。論点は自由世界の防衛なのです。しかし、そのことを戦後日本人はすっかり失念している。国際政治の現実は、たとえ完全に間違っていたとしても世界は覇権国である米国大統領トランプ氏の言うことを聞かざるをえない。

これが世界を動かす「力の論理」です。ま、身もふたもない言い方をすれば世界史は所詮《しょせん》、弱肉強食。

日中会談は米国の逆鱗に触れたのか？

宮崎　そのことを日本政府も企業もメディアもわかっていないのではないか。一八年十月の日中首脳会談では、アメリカが中国に対し「協調から競合」といっているときに、日中の基本的な枠組みは、「競合から協調」へと真逆のことを言い放った。また、安倍首相が中国人民銀行（中央銀行）に対し、日銀が円を三兆四〇〇〇億円の枠内で提供し、人民元と交換する日中通貨スワップを結んだことを石平氏や産経新聞の田村秀男氏は外貨流出に悩む中国政府にとって「干天の慈雨」であり、米国の対中政策に真っ向から反すると懸念しています。まさに「アベコベ」なわけです。

ただし、覚書をよく読んでみると、一帯一路が国際ルールに則り、財務に透明性があるプロジェクトに関しては協力するって書いてあります。この二つの条件について、中国は一切満たすことができないから、要するに協力しないっていっているに等しい。

問題は米国の反応です。日中接近を、米国はいかに総括したかですが、米紙「ウォール・ストリート・ジャーナル」は「日本は米国の警戒心を十分に心得ており、米国批判を差し控えたが、日中は『自由貿易』が重要として、トランプの遣り方を引っかけた」と書いています。同紙は日本の代表団に五〇〇名の財界人が随行したことを問題視しました。

トランプ批判の急先鋒《きゅうせんぽう》の「ニューヨーク・タイムズ」は、「日本は中国をパートナーだと言って、トランプの移り気な対中政策によって孤立化する状況へのヘッジをかけた。つまり（保護貿易で）孤立したトランプ対中政策が、日中を接近させたのだ」とあくまでも批判の対象はトランプ氏なのです。

そのうえで、米国メディアが特筆したのは日本の対中ODAが終わりを告げたこと、シルクロード（一帯一路プロジェクト）への日中の協力が唱われたことに焦点を当て、日中通貨スワップに関しては、意外に小さな扱いでした。

また、古森義久氏が、ワシントンの戦略国際問題研究所（CSIS）のジェフリー・ホーヌング氏の「日中和解は失敗する」という論文を紹介しています（「『日中の接近は失敗に終わる』米国から新たな批判」「JB・PRESS」一八年十二月十三日）。

日中接近は①尖閣諸島をめぐる対立、②脅威認識の違い、③国際秩序への見解の違いから必ず失敗する。そして今回の訪中は「両国首脳が未解決の対立をうまく避ける管理方法を発展させただけ」と言いますが、妥当な分析かと思います。

渡邉　日本政府が事前にトランプ政権に対し根回ししていたという話もあります。

合意した新三原則は、

●「脅威でなく協力のパートナーに」
●「自由で公正な貿易の推進」
●「世界の平和と安定のため、力を合わせて貢献していきたい」

ですが、つまり何も決まっていないわけです。原則は原則であり、実効性のある詳細な内容は何もありません。唯一協定を結ぶことができたのは、日中海上捜索救助（SAR）協定の署名くらいで、中国側からのお土産はパンダということになります。これは日英の安全保障に関する共同声明などと比べると違いが明白です。

また、安倍首相は帰国後すぐに、訪日したインドのモディ首相と会談しています。これは中国が最も嫌う相手ですから嫌がらせでしょう。

宮崎　いや、日中首脳会談は中国の都合で日程がズレたから結果的にそうなっただけで、嫌がらせではないと思いますが（笑）。

渡邉　日印でも通貨スワップを結んでいますが、これは米ドル建てで約八兆円強、中国の倍額です。しかも、日中は円と人民元との交換ですが、インドとはドルを両国が融通しあうので、「質」も違いますね。

日中の通貨スワップの問題は、中国に進出している三菱ＵＦＪ銀行や三井住友銀行といった邦銀保護であり、中国の政治リスクにより人民元が調達できない場合の保険のわけです。したがって、問題は政府よりもそのような保護をしなければならない邦銀の問題です。

財界人の体質が問題

宮崎　「ニューヨーク・タイムズ」も懸念していたのは、安倍訪中に財界人が五〇〇人も同行したことでしょう。要するにこの期に及んで中国とまだビジネスをやろうというのが、いまの財界の考え方でしょう。それはいまの日本政府の考え方、ましてや米国政府の対中政策に相反すると思うのだけれども、この乖離《かいり》はどう調節するつもりなのか。ここが日本にとっての大問題だと思います。

渡邉　トランプはアメリカと取引をするか中国と取引するかを選びなさいと「踏み絵」を突き付けているわけです。日本の財界も、中国メインでやっている会社は別にして、アメリカとの関係悪化を恐れている会社のほうが多い。一八年の夏ごろから日系企業の間でとくに製造業を中心に中国での採用を手控える動きが広がってきたとも報じられています。たとえば、人材サービス大手のジェイエイシーリクルートメントが七～九月に取り扱った求人は前年比二割減です（十二月五日付「日本経済新聞」）。

また、部品調達先としても中国から変更する動きも出ています。すでに生産の一部を中国から日本に移した国内建機最大手の小松製作所（コマツ）は貿易摩擦の長期化を見すえ、部品調達先を米国に移すことを検討しています。

ところが、財界のなかにはハニートラップに引っかかったり、マネートラップにかかった経営者が大量にいるものと思われます。

本当はもうすでにカードにならないけれども、表沙汰《おもてざた》になっていないこういう人には中国側から脅しがかけられている。そのあたりバランスがどうなのかというのがあります。

ただ、チャイナリスクを重大にとらえ始めている企業が増えているのも事実です。実際、報道されているよりも、脱中国をはかろうとしている企業は多いのですが、日本企業が容易に動けないのは、企業間の取引の場合、調達コストを下げるため年間契約を結んでいるケースが多いので、どうしてもタイムラグが生じる。

中国市場への生産に関しては、中国国内で続けていてもいいと思いますが、それ以外のグローバルなビジネスに関しては、それぞれの市場に近い地域に生産拠点に移し始めている。だいたい「チャイナプラスワン」という言葉が言われ出したのは二〇〇八年あたりからですから、もはや十年以上が経過しています。一番動きが早かったはアメリカ企業で、日本企業がそれに続いた。

中国の賃金が上がってきて、生産効率が下がってきているから、中国以外のもう一カ国に生産拠点を移す。次の段階が「チャイナフリー」で、中国を除いて新しい生産拠点をつくりました。中国国内の生産に関しては、中国国内向け需要に向けて特化するかたちになってきている。だからそういう意味で言ったら、中国の影響力をどうやってカットできるかは、これから日本企業経営者の経営能力が問われる部分だと思います。

スズキの中国撤退は英断

宮崎　何の証拠もない日本人を拘束して「スパイ」、懲役一二年とか一方的なイジメを平然とやってのけるのも中国。しかも拘束されている日本人の大半が、じつは親中派人士なのですね。遡ると一〇年くらい前までは、長期中国滞在の日本人は一〇万人いるかいないかだった。ところが、いまは一四万人近くいる。対中投資は先細ってたはずなのに、また漸増していたのですね。直接投資が。われわれがまったく誤解していたのは、日本企業が中国から引いているはずだと思っていたら、そうではなく、事実上投資を増やしていた。

ほとんどの業種が及び腰になっていたのに、自動車とコンピュータは違っていた。従来のガソリン型もそうですが、電気自動車（ＥＶ）、それから自動運転技術。コンピュータについてはクラウドビジネスをどんどん奥地に入って手掛けているわけです。

他は渡邉さんが言ったとおり、ほぼ撤退もしくは中国のマーケット限定で、あとはみなチャイナプラスワンで外へ移行しています。この両極に流れている。流れているのだけれども、中国でまだまだやれると考える向きがまだ強いというのが現状でしょう。

渡邉 自動車に関してはおそらくは中国の内需向け生産なので、内需が落ちていく過程で必然的に投資額も落ちていく構造にはなっていると思います。ですからこれを損切りできるかどうかがこれから問われてくる課題でしょう。スズキみたいにしっかり損切りして、中国を捨てることができる会社もあるわけですから。

宮崎 スズキは英断だと思います。だいたい年に八万台かそこらしか売れなかったでしょう。でも、スズキはインドという巨大な市場を牛耳っている。インド政府が頭を下げて世界中の自動車メーカーに進出を要請したのが八〇年代半ば。どこも首を縦にふらなかったのをスズキだけが引き受けた。アルトを爆発的にヒットさせ、いまはスイフトがバカ売れしています。経済発展中のインド市場で百七十万台という数字は独壇場と言っても過言ではありません。

渡邉 インドだけをターゲットに見据えて新興国マーケットを考えていく、という独自のビジネスモデルですよね。日本の自動車メーカーもこれからは大変だと思うけれども、フォルクスワーゲンがコケてくれるとその分助かります。

中国が自動運転技術で先行している理由

宮崎　スズキの英断の一方で、真逆の動きもあります。まずリチウムイオン電池の開発において、パナソニックがまた中国とがっしり組んでいる。それから自動運転でもね。この分野では中国が少し進んでいるという事情もある。これは電気自動車が絡むのですが、やはり中国のマーケット向けには、日本企業が残って、一緒にやったほうがしばし儲《もう》けることができるというのがトヨタ、日産、ホンダの考え方ですよ。あとはどうか知らないけど……。

渡邉　中国はリチウムイオンとかレアメタルの生産国です。いま、中国は再びレアメタルの供給を止める、止めないと言い出し始めています。

そうなってくると、レアメタルの調達は中国現地生産でレアメタル製品、たとえばモーターのコアの部分などをつくらなくてはいけない。ただ、それを日本企業側がどこまで本気でやるつもりなのか。ここが非常に不透明な状況になりつつある。経営側の判断が問われます。

宮崎　でも、トヨタは新しい工場を中国にまたつくるとアナウンスしているよね。

渡邉　ＥＶに関してはやるのだと思います。ただ、ＡＩに関してもそうなのですが、中国でなぜＡＩ運転技術が先行するかを考えてみると、あの国には人権がないからでしょう。そこに行き着いてしまう。

日本でＡＩ自動車だけで運転させようとすると、「なぜわれわれの運転の権利を奪うのだ」と抗議の声が届く。でも、ＡＩ自動車にとって一番の障害は人間の運転なのですね。人間は不規則な動きをする。ＡＩは基本的な動きしかしないわけで、コンピュータにとって人間は最大のノイズになる。

たとえば日本で自動運転専用の高速道路をつくるとすると、前述のように、「われわれの運転する権利はどこに消えたんだ」と必ず騒ぐ人が出てきます。ところが中国の場合、国策でダメだと言ったらそれでおしまいですよね。

したがって、自動運転のコンピュータ化を進めるのは、中国大陸が非常に有効な地域ではあることは確かなのです。公道実験も各地で進んでいます。ただ中国の景気がいまはバブルで急激に拡大しているけれど、これが一気に萎《しぼ》んだときに、購買力がどんどん失われていく。

中国自動車市場も減速

宮崎　中国のＧＤＰ統計のなかで消費のシェアがすごく低いでしょう。まだ三五％程度でしかない。消費のなかにはもちろん耐久消費財が入っていて、住宅や車が入っているのだけれども、車のシェアが今後は先細りになるだろうね。自動車販売が一八年十一月まで五カ月連続で減少しています。一八年十一月は前年比一三・九％と一二年以降で最大の減少です。自動車販売は天井を打った。ということは、中国のＧＤＰは下がらざるをえません。

ここでは自動運転とＡＩ走行とリチウム電池の話をしてきたけれど、ＥＶに対する需要もおそらく先細りでしょう。まずアメリカはまったく本気ではないし、日本は全自動車販売の〇・八％程度しか売れていない。いま売れているのは中国のみ。それもユーザーが強制的に買わされているのが実状です。

渡邉　これは中国の原発建設と深く絡んでいます。今後中国は原発を一〇〇基ほど建設する計画です。原発のクリーンエネルギーを利用して、電気自動車社会を目論んでいるわけです。それによりＰＭ２・５などの大気汚染も抑制していこうとする政策を立てています。

現状のままだと大気汚染がひどすぎてこれ以上車の台数を増やすことができませんからね。車の台数を増やすには電気にするしかない。電気にするという前提において原発を大量に建設する。原発が完成すれば、電気はそこから供給できる。同時に電気自動車にはバッテリー機能がある。電力の最大の弱点は貯蓄効率がきわめて悪いことですが、車に充電すれば車自体がバッテリーになるので、燃料効率もその意味においては、非常に効率的に使えます。そうした側面があるので国策的な動きになっているわけですが、これから本当に原発を一〇〇基建設できるかが成否の分かれ目になってくるのでしょうね。

宮崎　いま中国では三七基ほどが稼働していますよね。

渡邉　二〇一一年の三・一一を受けて、中国は約一年間、全基を検査で止めています。

宮崎　日本もあのとき全原発が止まったでしょう。あれでよく電力不足を切り抜けられたものだ。これはやはり一つの奇跡だと思いますし、電力全社の死に物狂いの努力の結果です。

渡邉　そうですね、電力会社にそれだけの民間企業としての地力があったということでしょうね。余力というか。

宮崎　それと調整能力がある。

なぜ日本の原発は特定地域に集中しているのか？

宮崎　逆に言うと、先般の北海道の地震であらわになったのは、北海道だけは配電の関係で供給が途絶え、ブラックアウトを起こしてしまったことでした。

渡邉　日本が抱える最大の問題、これは憲法にもつながる問題なのですが、個人の財産権と公共の福祉、公の利益の権利関係がイコールになっていることです。

たとえば発電所を建設するために土地買収をしようとすると、土地の買収から完成まで平均一八年もかかってしまいます。原発になると三〇年近くかかってしまう。そのために日本の原発建設は間違った方向に進んでしまった。

どう間違ったのか。原発の建設場所が特定の地域に集中してしまったことでした。問題を起こした苫東厚真《とまとうあつま》発電所にしても、第一、第二、第三、第四と同じ場所に大型発電所を並べた。あれは結局、土地買収が楽だからなのです。それだけの話なのです。

本来は分散型にすべきなのを、まとめてつくると土地買収と地域住民への説得が簡単にできるという安易な方向に進んでしまったわけです。それが原発の大型化を招いたし、事故の広範囲化も招いた。

これは直すべきなのだけれども、それをしようと思うと先ほど言ったように、憲法改正の議論にまた戻ってしまう。憲法改正は九条だけがクローズアップされるけれども、決していまの自民党の憲法改正案は九条にこだわっているだけではありません。

個人の権利と公共の福祉のリバランスも大きなキーワードとして入っている。日本の社会がGHQによってつくられた手かせ足かせだらけになっている、これを少しずつ排除していく必要があります。今回の米中貿易摩擦も含めて、世界的な大きなレジームチェンジが起きようとしているいまがそのタイミングではないでしょうか。

補助金を止めた途端に終わった中国の太陽光発電ブーム

宮崎　中国の電力の話に戻ると、環境対策を名目に水力発電所を減少させている状況でしょう。それでいきなり風力と太陽光パネルに向かった。ところが風力は設備が悪すぎて、発電量は思ったほどではなかった。送電線につながらないのが二五％もあるといった具合で、まぁ、漫画みたいですね。

太陽光発電のほうも完全にブームが去ってしまいました。太陽光発電が急に下火というか全滅に近い状況になったのはちゃんと理由があって、補助金が廃止されたからでした。補助金がついたのでボコボコつくったけれども、補助金を止めた途端に太陽光発電ブームは終わってしまった。

結局、中国が今後の経済発展を考えれば、どうしたって原発に頼らざるをえない。しかしながら、原発建設がそんなに急ピッチに進んでいるという話は聞こえてきませんね。

渡邉　原子力発電は一回きちんと起動して臨界を迎えると安定した発電量ずっと供給し続けられる。これはベース電源なのですね。まずはベース電源があってそのうえに火力発電が調整弁になります。さらに足らないときに揚力発電が出動します。これは電気が余っているときに水を汲み上げて、電気が足りないときに山の上から水を落とすことによってタービンを回して発電をする。これが非常時の電力システムの構図になっています。

日本は宮崎さんがおっしゃられるように、ベース電源がないものですから、全部火力発電で補っているわけです。無理やり、火力発電所を稼働し続けている。本当は輪番で火力発電所を休ませながら、リニューアルしながらつくっていくべきものを、ずっと稼働し続けているので、これがいま大きなリスクになっています。二〇一一年からですから、こうした状況がもう七年も続いている。

宮崎　そうなんだよね。よくやっていると思う。

渡邉　設備更新が確実に必要な状況です。一部原発も再開できたところに関しては、設備更新のほうを急ピッチで進めています。原発を稼働しているうちに設備を更新する、という作業をしている。

一七年末、九州ではこんなことが起きました。九州は暖かくて日照量が多いものだから、太陽光発電に向いていた。それで大量に太陽光発電パネルをつくった。

先に宮崎さんが言われた電力線につながっていない風力もそうなのですが、送電網のキャパ以上の電力が流れてもパンクするのです。ブラックアウトが起きるので一九年に入って原発が再稼働した。すると電力が余り始めて、昨秋は四回出力調整ということで、買い取り中止を行うという状態になってきた。ですから、太陽光とか自然エネルギーに依存しすぎるのは非常に危険なのです、お天道様頼みの経済構造になってしまいますから。

水害時に感電リスクが高い太陽光パネル

宮崎　経産省が太陽光の買い取り価格を下げたでしょう。

渡邉　フィット（固定価格買い取り制度、Feed-in Tariff, ＝FIT）が二〇〇九年から始まり、第一世代の買い取りが一八年に終了したからです。一〇年間固定金額で買い取るのがフィットの制度。かつては太陽光パネルの設置には非常にコストがかかったので、一〇年間固定した金額での買い取りを保証することにより設置者の赤字を回避、みんなが設備投資しやすい環境をつくったというのがもともとのフィットの考え方でした。

ただし、フィットで自然エネルギーによって生まれる電力は、天然ガスや原子力よりも高い。だから、お客さんに売る金額より高い金額で買い取らなければならない。そこでその分をフィット付加金という形で、エンドユーザーから徴収してきた。結局、利用者の負担で成り立っているシステムなのですね。これを三・一一以降悪用しようとしたさまざまな政商たちがいて、孫正義はその典型ではないでしょうか。

フィットにより大量の巨大な太陽光パネルがつくられました。ところが一七年あたりから、それが非常に脆弱《ぜいじゃく》であるということがわかってきたのですね。

山の斜面を切り開いて設置すると、木を取り払うものだから山の保水力がなくなり、山崩れが起きた。河原に設置したら、河原がそこから決壊した。また地震や水害に見舞われたとき、まあ一番怖いのは水害ですが、太陽光パネルは太陽を受け続ける限り発電し続けるため、洪水時に感電のリスクが高まります。

すると太陽光パネル周囲に近寄れません。これは人命の問題にもなる。太陽光パネルの見直しを一気に進める必要があるのです。

安倍総理はこれから三年間、任期中に災害対策とエネルギー安全保障も含めた、総点検と見直しをすると明言をしています。

一八年の臨時国会以降、対策チームというか見直しチームが立ち上がるので、電力自由化が本当に国民のためになるのかを含めて、徹底的に見直しがスタートします。

国がやったら全部ダメみたいな新自由主義的思想と、レントシーカー、つまり政府や官僚組織に働きかけて自分に都合よく政策を変えさせるソフトバンク型のレントシーキングに対して国際社会が監視を強めているので、それに合わせて動くべきだと思います。

軒先を貸して中国に母屋を取られてきた日本企業は反省せよ！

渡邉　中国は太陽光バブルですが、これについても、じつは日本企業が悪い。中国で使われた安価な太陽光パネルはもともと九州のサンテックという会社の技術が使われていたのです。そのサンテックが中国企業に買収され、技術だけ抜かれて捨てられた。

中国側はその技術を利用して大量生産を始めて、日本のシャープを含めた太陽光パネルメーカーが劣勢に立たされるという状況に陥ってしまった。

いまは「中国の技術が」と言っているけれども、中国の技術のほとんどは日本の政治家や経営者の甘さからきたものですよね。たとえばメガネにしたって、鯖江《さばえ》の市長が中国に技術供与して中国と仲良くすればいい、仲良くすればウィンウィンでみんな幸せになれるみたいなわけのわからない幻想を抱いて技術供与してしまったわけです。それによりオンリージャパンの技術がどんどん流出した。今治《いまばり》のタオルにしても同じ道をたどっています。

宮崎　河北省に石家荘という、新幹線も停まる町があります。日本では毒入り餃子で悪名高いところですが、じつはここが偽メガネの生産地です。日本の技術流出のオリジンは、鯖江のメガネなのだけれども、鯖江がそれからどう生き延びたかというと、開発を違う方向に持っていったわけですね。おしゃれメガネをつくったりして、そこからまた創造が始まった。価格については中国には敵うわけがないが……。

渡邉　一番ひどい例が三洋電気でしょう。世界最大の白物家電メーカーになったハイアールだけれども、あれもともとは三洋電機ですからね。三洋が技術供与して資本まで出していた。それが経営が厳しくなって中国企業に乗っ取られるかたちになった。結果的にはすべてのノウハウを持ったまま中国企業に変わってしまった。日本人は軒先を貸して母屋を取られることに対して、改めて強く反省しないといけません。また同じことを繰り返します。

宮崎　近年の例はシャープでした。台湾の鴻海《ホンハイ》精密工業が買収したのですが、あの会社のCEOの郭台銘《テリーゴウ》は外省人です。

渡邉　東芝もそうですよ。東芝も家電部門は中国に売ってしまった。

宮崎　家電分野については、日本は捨ててしまったからね。

渡邉　逆に国内で家電を生産している日立などは頑張っているほうです。三菱とか日立については、まだ洗濯機や掃除機の生産技術は優れています。

　東芝に関しては掃除機も洗濯機も冷蔵庫も中国製にした途端にああいうことになってしまった。やはりインバーター製品については東芝にしかできない技術が多々あったわけです。もともと軍事企業ですからね。それをただ同然で中国に渡してしまったことに対して、経営者の責任を問うべきでしょう。

宮崎　これはアメリカなら株主代表訴訟ですよ。日本人はやっぱりお人好しだよな。そこで疑問がわくのは、外国人の株主比率が高いにもかかわらず、なぜ株主代表訴訟が起きなかったかですね。

ファーウェイ幹部逮捕に正念場を迎えた日本企業

宮崎　一八年十二月に日本政府と企業にとって一つの正念場を迎えたと言っていいことが起きましたね。カナダ司法省が米制裁措置に違反している疑いで、中国の通信大手の華為技術（ファーウェイ）の孟晩舟《メンワンツォウ》最高財務責任者（ＣＦＯ）をバンクーバーで逮捕しました。

渡邊　「米国国防権限法」によるものですね。これは同年八月に超党派の賛成で可決され、トランプ大統領が署名し成立したもので、私はメルマガや著作で同法の重大さと中国企業と取引する日本企業もターゲットになることを警告してきましたが、ようやく日経新聞も一面で大きく取り上げました（十二月七日付）。

同法については、アメリカ議会制度を知らないとわからないので読者のために簡単に解説します。

日本は議院内閣制で、行政のドンである総理をはじめ閣僚が議会に参加します。たとえば、分野別の委員会に関しては大臣まで、予算委員会に対しては総理まで出席することが決まっている。それに対して、米国の大統領が議会に参加するのは年頭に演説する一般教書演説のみで、以後は議会が法律案や予算案を通して、大統領に提出するいわば「命令書」をつくる。そのうち国防に関する議会からの命令書が「国防権限法」なのです。

米国の議会は毎年国防権限法で軍事的な予算や計画を策定しており、そこには経済制裁も含まれています。

議会が出した法案に対して大統領は「拒否権」を持っています。すべての法案は予算がつかないと動かないので、議会は予算を対大統領との交渉材料にしているのです。これが米国の議会制度です。

一九年度の「国防権限法」の具体的な中身をいうと、一九年八月十三日以降、連邦政府、軍、独立行政組織、政府所有企業といった米政府機関が、ファーウェイをはじめとして、中興通訊（ZTE）、監視カメラ大手の杭州海康威視数字技術（ハイクビジョン）、浙江大華技術（ダーファ・テクノロジー）、海能達通信（ハイテラ）の五社のサーバー、パソコン、スマートフォンなどや、五社が製造した部品を組み込む他社製品を調達することを禁止しました。対象となる中国企業はさらに拡大する模様です。

宮崎　ファーウェイとZTEの二社に関しては、一七年に排除することを決めていました。ZTEは、米国からの半導体輸入が不可能となって、スマホ生産ができず、経営危機に陥った。

オーストラリア政府は一八年八月に、ZTEが応札したパプア・ニューギニアとの通信ケーブルのプロジェクトから排除しています。ニュージーランド政府も、これにならった。また、英通信大手BTは十二月に、超高速で大量の情報をやりとりできる次世代の通信規格「5G」だけでなく、既存の「3G」と「4G」の基幹ネットワーク部分からファーウェイを排除すると表明しました。中国は猛烈に抗議してきましたが、日本の情報はファーウェイの携帯にセットされたスパイ装置によって、七二時間ごとに中国へ送信されていた事実が暴露されています。ようやく日本も「自主規制」する動きに出ました。

米国はこれまでは国防総省との取引企業に限っていましたが、一九年度の国防権限法は、これを国防総省以外にも拡大します。

米国は強硬です。二〇年八月十三日以降は、中国五社の製品を社内で利用している世界中の企業を対象に、いかなる取引も米政府機関とはできなくすると表明しました。これは通信機器と一切関係のない企業も対象です。社内でファーウェイなどの通信機器を使っているだけで米政府機関との取引から締め出される。

渡邊　「踏み絵」の例でいえば、企業はここでもアメリカ政府との取引か中国製品を取るかを迫られているわけです。

中国製品の問題を知りながら報道しなかったメディアの責任は大きい

宮崎　ファーウェイの格安スマホは若者たちが購買するので、日本でもかなりのシェアが高いでしょう。もはや「自主規制」だけではすまない段階です。東ティモールとかミャンマーやラオスの山奥へ行って尻餅《しりもち》つくほど驚かされるのは、ファーウェイが普及していることです。

渡邊　５Ｇに関しては、日本では一九年から導入を進め、オリンピックまでに実用段階に持ってゆく計画があります。このため、大手三社は基地局メーカーなどと実証実験を行っており、すでに一部で設備が導入ずみです。

ドコモに関してはノキアと、ＫＤＤＩはエリクソンと実証実験を進めており、ソフトバンクがＺＴＥとファーウェイを導入予定でした。総務省は携帯各社に一九年三月まで周波数を割り当て、試験的なサービスがスタートしますが、時間的な問題から、いまさら切り替えも難しいでしょう。ソフトバンクがどう対応するかが大きな注目点でしたが、同年十月に新規参入する楽天も含め、中国製の排除を決めました。ソフトバンクは既存基地局もファーウェイ製を排除する方針です。六割ほどがそうだというので、大変なことだと思います。

また、ソフトバンクは一八年十二月六日に、大規模通信障害を起こしてしまいました。携帯電話だけでなく、ソフトバンクの固定電話も通話不能になり、非常に深刻な影響を与えました。原因はエリクソンの交換機に関するもののようですが、上場を控え、二つの問題に直面し、会社の将来とグループの資金計画に深刻なダメージを与える可能性がある。

5Gに関しては、これまで以上に、AIによる自動運転などとの連携やシステムを活用した携帯電話と実業界をつなぐシームレスサービスが行われる予定になっており、その意味では4Gよりも他の産業との結びつきが強いものです。AI自動運転やAIによる物流や産業システム適正化も5Gの普及を前提にしており、異業種との協力開発も行われてきました。この根幹部分の変更は単に携帯電話のシステムとはいえないものなのです。

そして、だからこそ、米国は非常に神経質になっているといえます。

ファーウェイ、ZTEの問題に関しては二〇一〇年ごろから米国議会で幾度となく問題になっており、知らなかったではすまされない大問題の一つでもあります。しかし、日本のメディアの多くはこれを報じず、経営者を含む大半の国民が知らなかったわけです。これこそが最大の問題といえるでしょう。

そして、今後としては、ビッグデータと携帯電話などによるバーコード決済が問題視される

日本が排除の対象とする9項目の中国製品

項目	主な事例
通信回線装置	ルーター、スイッチ
サーバー装置	メールサーバー
端末	パソコン、スマホ
複合機	プリンター
特定用途機器	テレビ会議システム
ソフトウエア	基本ソフト（OS）
周辺機器	キーボード、マウス
外部電磁的記録媒体	USBメモリー
役務	システム開発、運用・保守

可能性が高いです。欧州などでは域内のデータの域外持ち出しを禁止しました。これは個人のプライバシーを守るためであり、他国に個人のデータを渡さないための戦略です。

残念ながら、現在のところ日本にはこの戦略がなく、ソフトバンクはアリペイ互換のＰＡＹＰＡＹを始めています。これは顧客のクレジットと購買情報、活動記録などを連携させ、情報化するシステムであり、その情報が中国に流れる可能性も指摘されているわけです。

こうなった以上、ソフトバンクは上場を見送るべきでしょう。株主に対して不誠実です。

弱り目に祟り目のソフトバンク

渡邉　アリババグループのジャック・マーの突如の引退宣言も当社に二九％出資しているソフトバンクグループ（ＳＢＧ）にとっては大きなリスクです。株価が下がり含み損が出るリスクに加え、ＳＢＧは高リスクローンを積み上げているからです。これは、世界の中央銀行による超金融緩和政策により、低利であふれ出したマネーの恩恵を受けたものですが、利上げが起これば、債務問題の引き金を引くことになりかねない。

宮崎　ＳＢＧの時価総額は約一〇兆円弱である一方、投資先と合計して約二二兆円。倍以上だからそうとう歪《いび》つですよ。負債の金利は年七％と高く、利払い負担は単純計算で最大三〇〇〇億円強、グループ連結の有利子負債は手元資金と相殺しても一三兆円だといいます。一七年度の利息負担は五〇〇〇億円超と日本の全上場企業の利払い総額の一割を占めました（一八年十二月九日付「日本経済新聞」）。

渡邊　だからＳＢＧは株式をソフトバンク・ホールディングスではなく、携帯電話会社の株式を上場しようとした。上場してそこで現金を得ようとしているわけです。有利子負債で巨大な自転車操業による借り入れで業容を拡大してきたのがＳＢＧですから、これからは借金を返さなくてはいけない状況に追い込まれつつある。その矢先に大規模通信障害を起こしてしまった。

トヨタがソフトバンクと組んだのも、そうした伏線があったのではないでしょうか。

宮崎　昨師走（一八年）十九日にソフトバンクが上場しましたが、いきなり十五％安、翌日も六％下落した。これは通信途絶事故とファーウェイ事件がもろに影響し、投資家が先行きを不安視した証拠です。

渡邉　中国絡みでソフトバンクに何かがあったときにはＡｕが買うつもりなのではないかという話も聞こえています。携帯電話は社会インフラなのでなくなると困るわけですよ。潰《つぶ》れました、明日から携帯電話が使えません。これだけは避けたいですから、そういう意味合いもあったのではないかと言われています。

宮崎　それはＭ＆Ａのタームでいうと Ｄ（ダイバーシファイ）、部門売却だね。余談だけど落ち目の日産は中国が買収するなんてヨタ説（十二月二十一日付『日刊ゲンダイ』）もあります。

渡邉　そうです。スピンアウトですね。部門を売却して得た資金をシティバンクのホールディ

時価総額が投資先合計より低いSBG

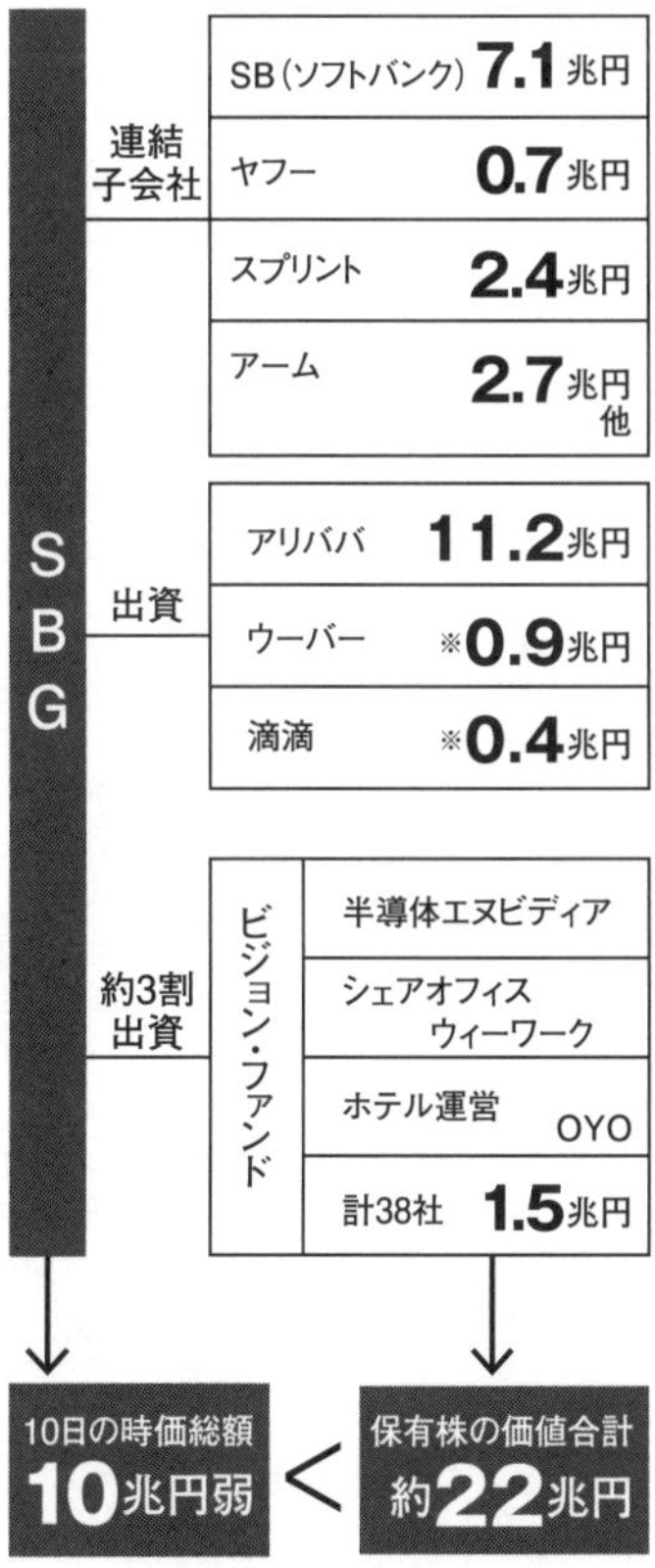

SBG
連結子会社
SB（ソフトバンク） 7.1兆円
ヤフー 0.7兆円
スプリント 2.4兆円
アーム 2.7兆円他
出資
アリババ 11.2兆円
ウーバー ※0.9兆円
滴滴 ※0.4兆円
約3割出資
ビジョン・ファンド
半導体エヌビディア
シェアオフィス ウィーワーク
ホテル運営 OYO
計38社 1.5兆円
10日の時価総額 10兆円弱
＜
保有株の価値合計 約22兆円

（注）名称は一部略、ビジョン・ファンドの概要は2018年9月末、その他は11月1日時点の時価、SBは仮条件で試算。※は推計出資額。保有株の価値は出資比率、純有利子負債などを反映

出所：日本経済新聞

ングスに集めて、それで債務を返済するという仕組みです。サウジとの共同出資の「一〇兆円ファンド」といわれる「ソフトバンク・ビジョン・ファンド」も失敗に終わりつつあるようです。ご存知のように、いまサウジは大変な状況になってしまっているので、孫正義は弱り目に祟《たた》り目の状態です。

サウジは四五〇億ドル（約五兆一〇〇〇億円）を出資して、あとで五兆円を追加出資するとアナウンスしていました。けれども、あれはローンチ（launch）、有価証券を発行しているはずなのです。債券はローンチするとその時点から金利がかかってきます。ローンチにはさまざまな方法があります。

今回の場合、最初の出資額四五〇億ドルを見せ金として使っているはずです。ですから、最初の段階で全額分ローンチしている。ということは、その全額に対して金利がかかってくるわけですが、投資先がないんですよ。

一帯一路はうまくいかないでしょう。かといって、アメリカの電気自動車会社のテスラとかも危ない。あの手の新興企業はいま、全滅に近い状況になりつつあるでしょう。いわゆるインキュベーション、新興企業の発展しそうなところに投資をして上場益を狙《ねら》うというこのビジネスモデル自体がかなり厳しい状況に置かれつつあるわけです。とくに中国を見た場合、いまの状況で新興上場企業が生まれるのかといえば生まれないですよね。

宮崎　上場といっても、精一杯努力しても、深圳《しんせん》市場に上場できるクラスですからね。

渡邉　新技術といったって、それはアメリカの基礎技術とか、そのうえに乗った発展特許的なものしかないので、まったくの新しいものはつくれないです、いまの中国の構造上では。唯一成功しそうなのは台湾のフォックスコンのアップル工場建設くらいでしょうか。たしかサウジが出資しているはずです。仲介したのは孫正義。

宮崎　ウィスコンシンで行った鍬《すき》入れ式にトランプと孫正義が来ていました。

銀行も企業もビジネスモデルが成立していない

宮崎　ここからは日本経済が抱える問題点について語り合いたいと思います。

第二次安倍政権発足直後から日本株は八〇〇〇円台から二万円台へ急回復を見せました。異次元の金融緩和、いわゆる「黒田バズーカ」が牽引《けんいん》役でしたが、しかし、その後、景気回復への決定打がない。基本的に日本全体から進取の精神が消え、経営が「守る姿勢」に後退してしまったことが大きい。したがって日本株は泥沼の停滞を続けています。経済についても「専守防衛」の国です。

日本企業がＡＩ開発、次世代半導体開発に出遅れたのは、あの迷フレーズとなった「二番ではダメなのですか」という前進阻止ムードの蔓延《まんえん》、つまり国民精神の停滞に求められます。二番手で良いやとなれば、次は三番、四番と落ちてゆくだけなのですよ。

冒険心は稀薄《きはく》となり、ひたすら守りの姿勢をつらぬいて当座を乗り切れば良いと考えているうちに新興国からも置いてきぼりを食らう形勢となった。

例外的に健闘しているのは電気機器、情報・通信、化学、輸送用機器、ならびに機械ですが、内需ではなく外需によるものです。

わずかに内需でも設備投資拡大の動機となっているのは人手不足解消のための自動化、ロボットの導入と、ファストフードチェーンなどの伝票、注文の電子化などにともなう設備更新、ソフト開発でしかありません。

日本の株がもう一つ伸びないのは、バブル崩壊以降、日本企業が極端な借金恐怖症となり、内部留保ばかりに邁進《まいしん》してきた結果ではないでしょうか。つまり、カネが滞留している。日本企業の内部留保は四四六兆円強もある。これは史上最高額です。実質上「無借金経営」の企業が五九％に達しています。

渡邉　滞留もしているし、国内投資、海外投資問わず、投資に対して非常に慎重になっていますよね。もともと日本企業は基本的に自己資金で投資をするという考え方で、借り入れ依存型経済ではありません。

宮崎　他方、積極的な若者の起業は増えているが、ベンチャー・キャピタルが未熟でしょう。中国と比べてもはるかに劣勢です。

これでは銀行業は成り立たない。企業が金を貸してくれと言わないわけですからね。本来なら企業利益は研究開発費と設備投資、人材への投資に回されるべきですが、そうしないため、賃上げにもつながらない。

有利子負債を怖れないのは前述のソフトバンクグループ率いる孫正義と不動産開発企業くらいで、多くが過去のバブル崩壊に懲りて、ひたすら内部留保に努めている。企業が新製品を開発しないでカネだけ貯めてどうするのでしょうね？

渡邉　国民は国民で、銀行のほうが金利が高いから、フラット35で借りてしまう。住宅ローンビジネスも手数料ビジネスで、フラット35の仲介をやっているだけという状態です。ですから、銀行のビジネスモデルが成立しなくなりつつあります。

宮崎　いまは銀行預金の出し入れだって手数料等を取ろうとしているし、送金にしたって他の銀行に振り込むだけで八〇〇円かかる。もう手数料ビジネスです。そのうち銀行口座自体の保管料を取るようになりますよ。証券会社みたいにね。証券会社の口座は、三〇〇〇円の手数料を取られます。

渡邉　アメリカの銀行は基本的に預け入れ金額の少ない人からは手数料を取っています。ですから日本の銀行も基本的にそういう形を踏襲していき、支店はほぼ廃止していくと思います。なぜかというと、すでにコンビニATMの普及率が高いので、引き落としについても銀行よりコンビニを利用する人が増えていますからね。

宮崎　銀行が貸金業として成り立たない。そして企業の内部留保が増えている。住宅ローンも銀行を通さない。こうしたことは株高要因にはなりません。安倍総理になってからの株高、日経平均二万四〇〇〇円あたりまで持ってこれたのは、黒田バズーカの効き目もあったのだろうけども、やはりウォール街の株高に刺激された連れ高ですね。

M&Aは日本式経営からの逸脱

渡邉　連れ高もありますし、日本企業の業績が改善されていたのも間違いのないことです。日本企業の業績改善にはやはり、為替効果も大きいと思いますね。七五円前後だったものが一二〇円前後までいったんぶれて一一〇円前後という形になり、外国に持っている企業資産がバランスシート上一気に増えました。

たとえば一万ドルの資産が一ドル七五円のときは七五万円になる。一ドル一一〇円なら一一〇万になる。日本企業は円で決算をしますから、最終的に円建てに戻したときにそれだけの含み益が出たわけです。

　この含み益部分が企業の業績を改善させていったこともあるし、同時にバブル崩壊から溜まっていた企業の累積赤字がほぼ一掃されたのですね。税務上は一〇年間赤字を繰り越せますから、繰り越してきた赤字が全部消えると、今度は利益が出れば一〇年間の繰り越し利益として計上できます。それだったら配当で出してしまえという話も出てくるわけで、配当比率が高まっていった。その結果、株価も上がっていったというプラスの連鎖が起きていたわけです。

　ただしそれが投資側面とか心理的側面まではなかなか直結しなかった。デフレ脱却に関しては、やはり二〇一四年の消費増税の実施により、せっかく円安で経済のバランスシートが一気に改善され、株価が八〇〇〇円前後から一万五〇〇〇円前後に上昇した勢いが萎んでしまいました。

　アクセルをふかしながら、急ブレーキを踏んだ格好ですよね。その後、オリンピック開催決定で持ち直し、アベノミクス第二弾などの効果により株価は二万四〇〇〇円まで上昇してきました。ただ、企業の投資意欲はなかなか高まらない。これが実態ですね。

宮崎　そうそう。だからハイテク企業は国内投資はせずに、すべて海外に向けています。積極的にM&Aに乗り出す企業が目立ちますが、シェア拡大目標が主目的であり、本来の日本的経営からすれば逸脱です。少なくとも健全な市場原理主義とは言えないでしょう。

M&Aは資本主義経済のシステムでは合法とはいえ、およそ日本の伝統や企業の体質からは遠い、欧米の「ビジネスモデル」です。

たとえばJT（日本たばこ産業）が外国企業買収にあれほど積極的なのは嫌煙権による売り上げの減少と、広告の制限から新興国への輸出を伸ばすほかに生き残る道がないとするからでしょう。JTは、アメリカンスピリットからインドネシアのグダンガラムまで買収している。日本電産はいきなりドイツの五社を、ルネサスは七七〇〇億円を投じて、アメリカのIT企業を買収しています。

国内産業の空洞化が移民政策を招いた

宮崎 もう一つ、円安についてですが、輸入代金で原油に対する負担が過去の三兆円程度からいまは一一兆円程度の負担増になっています。二つ目は円安になったら輸入物資が高いはずなのに、なぜかインフレにならない。これも非常に不思議です。加えて、インバウンドが急増したのは円安要因ですよ。日本に来たら物価が安いですからね。台湾、香港、シンガポールあたりより低価格です。

渡邉 たとえばマクドナルドや牛丼のようなファーストフードみたいな食品で考えても、日本のほうが台湾や中国本土よりも値段は全然安いです。所得は日本人のほうが多いのに、やはり、日本企業はデフレ下において苦戦し続けた経験から、コストオペレーションが抜群にうまいということでしょう。

宮崎　コイン一枚（五百円）でトンカツが食べられるほど安い。少なくとも外食レストランに関しては北京、上海、香港、シンガポールより日本のほうが安くなりました。いま日本のスーパーでおにぎりを買えば、一個一〇〇円か一一〇円程度でしょう。でも、海外ではカンボジアですら一ドルします。購買力平価から言えば、おそらく一個三〇〇円に値する。それを平気でカンボジア人のサラリーマンが食べている姿を目の当たりにすると、何かおかしいというか納得できない。

たしかに渡邉さんが指摘するように、デフレ下で日本企業がコストオペレーション能力を高めたのはたしかだと思う。

ただ時給が上がらないから、外国人労働者は日本に来たって全然稼げないし、貯蓄ができない。それなら自分の国に帰ったほうがいいと思うのになぜか、日本に居つくでしょう。それが不思議だ。

渡邉　賃金も上がらないけれども、購買力平価はもっと低い。ただし、母国に仕送りはできません。

宮崎　仕送りする余裕はないでしょうね。外国人にとっては家賃が高いですから。

渡邉　やはりコストオペレーションのうまさが寄与していると思います。日本の場合、原材料や商品を三年、五年の中長期での契約が多いので、契約期間満了まで同じ値段で買えるわけです。一方、新興国は圧倒的にスポット調達に頼っていることから、価格変動の影響を受けやすい。

　これは大きな違いです。マーケットがそれだけ大きいのと成熟している。この二つの要素と、やはり日本人が値上げに対してものすごいアレルギーを持っている。

　そうした環境のなかで、どうやったら安くつくれるか、安く売れるか。良いものを適正な価格ではなくて、良いものをより安くというわけのわからないかつてのダイエー型のビジネスモデルに完全に嵌《は》まり込んでしまっている。

宮崎　毎日入ってくるスーパーの折り込み広告にしたって、値段だけ載っている。こんなに良いものがありまっせ、といった広告なんて一切ない。

渡邉　良いものをより安く的な発想が強すぎて、逆に言うとこれが日本の企業をダメにした。要はオンリージャパン、日本でしかつくれないものを日本企業同士が叩きあって新興国に安く売る必要などないわけですよ。

宮崎　ないですね。一〇〇円ライターが典型例でしょう。三十数年前は日本でしかつくっていなかったものです。でも、おそらく現在は日本ではつくっていない。海外に技術移転と工場移転をした結果、相当のものが空洞化を招いた。空洞化したから失業が増えたかというと、あべこべで人手不足で困っている。日本経済は非常にアンバランスな構造が出来上がっています。

したがって、出入国管理法（入管法）改正という事実上の移民政策をとらざるをえないわけです。野党のみならず保守派は猛烈に反発しましたが、止めることができませんでした。厚生労働省によると、一七年十月末時点の外国人労働者数は前年同月比一八％増の一二七万八六七〇人と過去最高となってしまいました。そのうち中国人が約三割を占め、三七万二〇〇〇人で、ベトナム人が一八・八％、フィリピン人が一一・五％です。

移民政策によってあれだけ欧州が破壊されているにもかかわらず。これは将来に禍根を残しますよ。

衆参同時選挙と憲法改正と消費税増税の延期の可能性

宮崎　移民政策同様、一九年十月に予定されている消費税一〇％は大問題です。これは悪くすれば、安倍政権がレイムダック入りします。

渡邉　どうなるかわかりませんけれども、昨秋から永田町では、一九年七月に衆参同時選といいう話が流れ始めています。自民党の執行部から、「今後はいつ選挙があってもおかしくない常在戦場となる。衆参同時選挙の可能性があるので準備をしておけ」との檄《げき》が飛んだとの話です。

宮崎　命令は党の幹事長が出すの？

渡邉　幹事長レベルですね、引き締めの意味で。なぜこんなことを言い出しているのでしょうか。いま、改憲勢力が衆参で三分の二を持っています。次の参議院選挙で、もし自民党が負けて改憲勢力三分の二を失うと、この先少なくとも三年間、改憲ができないということになってしまう。

それであれば、七月までの間に何とか改憲の発議を行って、憲法改正と衆参同時選挙と消費税増税の延期、この四つをセットでひっくり返そうという考え方の人たちがいるわけです。

なぜここで衆議院の解散まで含むかというと、いわゆる「踏み絵」ですね。じつは郵政選挙と同じで自民党内には隠れ護憲派、いわゆる消極派、慎重派と言われる人たちが結構多くいて、彼らは旧社会党勢力の母体を持っています。

そういう人たちがそれなりに党内で力を持ってきた。また媚中《びちゅう》派、親中派と言われる人たちのなかにそういう人たちが多かった。これで衆参同時選挙で解散総選挙になると、踏み絵を踏ませることができる。

宮崎　「排除」するわけですね。小池百合子流に。

渡邉　排除というか、賛成しないのなら排除、ということで締め付けができると考えている。憲法改正反対と言えない党内ムードをつくらないと三分の二を確保できないし、自民党内が割れてしまうからでしょう。

憲法改正と同時に、三月末で予算が成立します。四月一日からフリーハンドになるから、そこで、憲法改正の発議を行って、消費増税の延期と凍結を謳《うた》う。ちょうど、統一地方選挙もあるので、地方選挙にも利用できる。このタイミング以外だと、オリンピック前に解散と改憲を実現する方法がまずないわけです。ですから、ここに安倍総理が勝負をかけ始めていると言われているのですね。

強硬な国会運営ができる安倍総理の剛腕に期待

宮崎　そのウルトラCが消費税延期か。なるほどね。

渡邉　そう。そのウルトラCでリーマン・ショックなみの情勢、中国のこの米中貿易摩擦戦争が悪化していけば、当然……。

宮崎　不測の事態が起こります。

渡邉　不測の事態が起きますから、同時にその前の日米首脳会談でアメリカ側に打診をして、アメリカ側の裏も取ったというような話も聞こえてくるのですね、永田町筋では。

一方、その可能性が十分にあることをわかっている野党側は、国会を空転させたくて仕方がない。空転させることにより、次の臨時国会での国民投票法案を通らなくする。そうすれば憲法改正の発議が難しくなりますからね。

でも、国会が空転してもどうせ与党は三分の二を取れるから、野党が何を言おうが前に進める。だから強行採決だと野党が騒いでも、結局何も変わらないということは明らかなのです。

一八年のゴールデンウィークで野党が審議拒否をして与党だけで審議を進めたら物事が円滑に進んでしまいましたよね、維新は参加しましたが。そうした前例があったので、自民党は強引に前に進めてくる可能性は大いにあるのです。

幸いと言ってはなんですが、安倍総理の場合は子供がいませんし、後継者もいません。子供がいたり、後継者がいると選挙区の地盤を継がせるとかさまざまな下心がわいてくるのですが、それがないから、かなり強硬な国会運営ができます。

総理はある意味フリーハンドの状態と言えます。ここでハンドリングを強くするには解散という話が出てくるでしょう。非常に合理的だけれども。もちろんできるかできないかは別の話ですが……。

宮崎　総理の剛腕にまだ期待する人も多い状況です。

第2章

国家破綻前夜を迎える中国経済

消費を押さえつけている住宅ローン地獄

渡邉　中国の国の債務が四五〇〇兆円近くまで膨らんでいます。中国国家外貨管理局によると、二〇一七年九月末時点の中国の対外債務残高が約一一兆一四九八億元（約一九三兆円）、人民銀行（中央銀行）の『二〇一六年十二月資産負債表』によると、対外債務を含まない中国の総負債は二四四兆元（約四二二一兆円）で、合わせると約四四一二兆円を上回ります。

宮崎　これまで取り沙汰されてきたウォール街の見立てよりも多い。ウォール街のプロ筋の見立てでは三三兆ドル（約三六三〇兆円）前後と言われていましたからね。それより悪性だったという事実を中国が自ら認めたことになる。GDPの水増しは常識ですが、「正直に申告せよ」と上から命じたら黒竜江省、吉林省など八つの省がじつはマイナスだった。

渡邉　それ以外に簿外債務がいくらあるのかはわかりません。最近の報道によると、地方政府傘下の融資平台（投資会社）を使った簿外債務が約六五〇兆円以上あるとされ、民間の企業債務の対GDP比が一七〇〜二〇〇％ぐらいではないかと言われています。これらを加えていくと途方もない数字になってしまう。

実際問題、収入の三分の二近くを住宅ローン返済につぎ込む家庭が大量に増え続けていることから、住宅ローン地獄が消費の押し下げを進めてしまっている格好です。プライオリティが住宅ローン返済なので、消費を控えなければならなくなっている。

年収に対する不動産価格の割合をみると、日本のバブルの全盛期で一八倍前後でした。ところが、いまの中国では深圳で三八倍、上海、北京で二〇倍にもなっていて、日本のバブルを凌《りょう》駕《が》する規模のレバレッジのかかったバブルが発生しています。

改革開放路線をとった当初の中国は、低賃金の大量の労働者により世界の工場の役割を担ってきました。ところが、二〇一五年を境に人口ボーナスと言われる状況から人口オーナスという状況に変わり、労働者減少社会を迎えることになりました。

人々のライフスタイルを読み間違えた中国政府

宮崎　さらに少子高齢化が急速に進んでいる。当然ながらその原因は一九七九年に始まった一人っ子政策にあります。中国には「四二一社会」という言葉がある。老人四人に対し、子供の世代が二人、そして、孫が一人という家族構成です。これを三七年間も続けてきた影響はきわめて深刻です。

これまで三人が一人を支えている構造だったのが、二〇五〇年には一・三人で一人を支える予測がなされており、ただでさえ脆弱な年金制度は間違いなく破綻《はたん》しますね。

二〇一六年から全面的に夫婦に二人目の子供を認める「二人っ子政策」が解禁となったけれど、お世辞にもうまくいっているとは言えない。

二〇一七年には逆に六四万人ぐらい新生児が減ってしまった。二人目の出産を認めれば出生数が増えると考えていた政府が甘すぎた。二人っ子も何も、中国では生涯独身が凄《すさ》まじく多い。そして結婚しても子供をつくらない。つくっても一人なのは、共働きが当たり前で、住宅費、教育費が高いため、子供一人に金を注ぐというライフスタイルが当たり前になってしまった。子供を二人以上もうけられるのは富裕層にかぎられるってことで、この傾向は日本よりも先を走っている。

ついでに触れておきますと、日本の大卒予定者は「売り手市場」という幸福。中国は「買い手市場」の不幸に見舞われています。対照的です。

中国の二〇一九年七月卒業予定は八六〇万人！（日本の一〇倍以上！）。

一九六〇年代後半から七〇年にかけて、「全共闘」が華やかなりし日々、日本の大学キャンパスといえば「左翼文字」の立て看板が林立し、アジ・ビラが大量に撒かれ、デモがあちこちで暴力化したものでした。

軽佻浮薄《けいちょうふはく》な学生らはデモに参加して革命歌を唱った。だが就職シーズンとなると突如、「日本経済新聞」を読んで保守の顔をし、殊勝な態度で面接を受けていました。

さて深刻な不況入りした中国。新卒予定者らの顔はまるっきり冴えないのですね。キャンパスに林立するのは企業広告、美しいポスターで「輝かしい未来」を謳っていて、とくに募集に力瘤《ちからこぶ》を入れているのが不動産業界、それも販売部門です。

不動産がバブル爆発懸念のなか、どの会社も販売が振るわず、社員が次々と辞めていくため大量の販売戦力となる新卒を募集するわけですが、学生たちはそっぽを向いている。これまで人気の高かった金融部門、とくに銀行、証券、保険、ファンドも説明会に人は集まるものの一時期の熱気がない。むんむんと熱気にあふれ、立ち見が出る企業説明会はＩＴ関連、コンピュータ、クラウドなどですが、この方面は理工系に有利であり、文化系やら駅弁大学（新制大学）は最初から無理とわかっても企業説明会だけは参加するようです。

なにしろ八六〇万人もの大学生が新しく卒業する風景が、改革開放から四〇年で（あのころ、中国の大学生って本当にエリートだったなぁ）、「ゴミの山のようになると誰が予想したでしょうか。

日本にもウーバー型の相乗り自転車（シェアサイクル）市場を狙って中国資本がやってきたが客がほとんど付かず倒産したことは周知の事実ですが、中国でも競争が激しいうえに主客のはずの大学生がモラルを守らず、乗り捨て放題。なんと二五〇〇万台の自転車は焼却処分となっています。

そもそも日本ではウーバーなんて無理なのです。シェアサイクルは中国でもダメで客が付かず四〇社もあったウーバー自転車企業は三社しか残っていません。したがって二〇億ドルのベンチャーキャピタルが回収不能となっています。

タクシーのウーバーは中国やアメリカなら流しが少ないから成功するけれども日本は手を挙げればタクシーが停まる。地方都市へ行けば駅にずらーっと空車が並んでいる。運転手さんに聞くと、一カ月に七万円くらいの収入でも「まぁまぁやっていける」と言う。主力は定年組であり、毎日家でぼぅっとしているよりはマシだからです。ところが北京では朝夕、空車がいない。とくに夕方は一時間待ってもタクシーは来ない。

付近で一台でも停まると客が支払いの前にさっさと助手席に乗り込む。空車を拾うにもケンカ腰、だからといって地下鉄も乗り降りは命がけです。ドアがたった三秒で開閉してしまう。もし全員を始発駅から乗せたら次の駅で一人も乗せられないからです。

ほかにベンチャービジネスで盛業中は出前ウーバー、貨物トラックなど。とくに出前ウーバーは独自の電話注文を受けて配達料金を取って代わりに配達する。これらのベンチャーは若者が起業し、地方政府は奨励金を払ったりオフィスのレンタルを無料にして支援し、また証券界、金融界は私募債を発行したり、ファンドがベンチャーキャピタルを組織したのでしたが、過去五年間のベンチャー、秋風から冷風にかわり、中国の私募債、ベンチャーキャピタル業界も「冬の時代」を迎えました。

証券企業は政府の後押しもあって積極的に私募債起債に協力し、また有望企業の上場にも積極的でしたが、上海株式の値崩れ（二〇％）、人民元の崩落予兆、逼迫《ひっぱく》した市場の状況を見れば、ファンドが以後も中国投資を続行するとは考えにくい。

若者らは「第二のアリババ」を夢見ていました。そしてアリババの再現はなかった。過去五年に投入された資金は一・二兆ドルという。借り手の審査が緩く、とくに目論見書を巧みに書いて（作文で、ありもしない市場をでっち上げる）、将来の薔薇《ばら》色をかたる才能が豊かで、別な語彙《ご い》でいうと詐欺師が、このブームを悪用しないはずがなかったわけですが、そうした起業ブームも終焉《しゅうえん》を迎えたようです。

若者にとって中国の近未来は暗いです。

渡邉　さらに、中国は男の子、長男作戦という種の選別をやってしまった。それで男女の比率が本来の生態系を壊してしまった。だから独身者が増えやすい構造にある。

公式統計では男女の人口差は三三八八万人の男性過剰（二〇一五年末）です。比率だと一〇五対一〇〇なのですが、これには裏があって、総人口の割合なのですね。八〇年代出生の適齢期をみると一三六対一〇〇だから、三六％も男が多い。これは悲惨ですよ。

宮崎　そんなこんなで、日本も中国も人口減少が進み、間違いなく日本も中国も労働者減少社会が訪れます。いま、日本の外国人労働者が一二四万人とか言われていますが、まもなくすごい勢いで増えますよ。

中国も同じです。中国に行ってみるとわかるのだけれど、あの人口過多の国に外国人労働者が山のようにいるのですね。アフリカ人だけで一〇万人はいるし、ベトナム人、インドネシア人もごろごろいます。だから構造的な人口動態という意味から言うと、中国は日本に似ている。というか、とうに日本を追い越してしまっており、とてつもなく極端な方向に走っている。

弾けないバブルなどない

宮崎　中国の債務の話に戻りましょう。まずは中国の個人債務が住宅ローンに集中している。アメリカの場合はローンが払えなくなったら債務者は夜逃げをして、借金はみな銀行に向かう。だからリーマンショックの時は、銀行経営が怪しくなって金融業界の再編が起きました。

中国の場合、あくまでも個人だけれども、不動産は絶対に暴落しないという政府への信頼のもとに買われています。したがって、暴落したら反政府暴動になる。

そろそろその兆候が出ています。八月末、マハティールが中国の大手デベロッパー・碧桂園控股（カントリー・ガーデン・ホールディングス）が手掛ける巨大住宅プロジェクトのフォレストシティについて、外国人購入者に対する居住目的でのビザ（査証）付与を行わないと言及した。
このフォレストシティが建設されるのはシンガポールとマレーシアの沖合に浮かぶ人工島で、外国人購入者の大半は中国の中産階級の人たち。マハティール発言を受けて、物件価格は三〇%の急落をみます。そこで彼らは「どうなっているんだ」と碧桂園控股の本社に押しかけた。すると、今度は碧桂園控股の株価が三〇%も下落した。今後はこうしたパターンで中国人投資家がどんどん被害に見舞われるでしょう。

渡邉　すでにそれと同じようなことが台湾で起きています。台湾の場合、民進党政権に替わっていますよね。それまでの国民党政権時代に、中国人が大量に台湾の不動産を買い占めて完全にバブっていたのです。民進党が政権を奪取すると中国人が手を引き始めた。もうすでに台北市の中心街の不動産価格が三割も落ちています。弾けないバブルはないのですから。

宮崎　だいたい最初から台北の不動産は高すぎたと思う。東京の都心で同クラスの物件が四〇〇〇万円程度だったとき、台北では六〇〇〇万円、六五〇〇万円もしていた。

渡邉　そうですね。台湾熊谷組が台北で建てたマンションがその典型で、一部屋二〇億円もしていました。エレベーターで各フロアのエントランスまで車のまま上がっていける、ワンフロア一邸みたいなマンションでした。三年前の分譲だったから良かったけれど、いまだったら大変なことになったろうと言われています。

宮崎　即金で買った人は別として、おそらくほとんどがローンを組んでいます。台湾の場合は、負債は個人にかかってくるから、個人が一生かけて払わなければならない。そうでなければ個人破産するしかない。

渡邉　だからその動きのなかで、世界中で不動産の価格が落ちる可能性があります。

宮崎　暴落の気配がプンプンしていますね。とりわけオーストラリアが酷いでしょう。すでに五〇万人の中国人が住んでいるシドニーの不動産価格は七・六％の下落です。首都のキャンベラ近郊では別荘地が四〇％の下落を見せている。

オーストラリアの新聞をネットで読んでいたら全体の不動産市場で中国からの投資は二〇一四年に三三億四〇〇〇万ドルに達しましたが、二〇一七年は三分の一強の九億三〇〇〇万ドルに凹んだ。

日本の場合も、バブルが破裂したときにマンション価格が暴落して、個人負債が増えて、それが銀行の不良債権になって、銀行がおかしなことになった。

中国の場合はどうか。銀行が国有銀行であり、なおかつ公式統計によると不良債権は一・四％くらい。一番悪いのが中国農業銀行で一・七％ぐらいと言われていますが、大嘘です。絶対に一桁違っている。いや、一七％でもまだ少ない。なにしろ中国が公表する経済データの多くはでたらめですから。

中国不動産バブルの方程式

渡邊　ここで中国の人たちがなぜ不動産投資に熱狂したのか、その仕組みを解き明かしたいと思います。

たとえば二〇〇〇万円のマンションがあったとします。中国の場合、頭金が二〇％前後でしたから、四〇〇万円を用意すればよいわけです。お金がない人も親戚《しんせき》やシャドーバンキングから頭金を調達できれば買えました。三〇年間値上がり基調が続いていましたので、不動産に対する神話があり、簡単に資金集めができたわけです。

そして、この不動産が値上がりで一億円の価値を持つようになりました。この場合、八掛けつまり、八〇〇〇万円の担保価値があることを意味します。債務残高二〇〇〇万、つまり、六〇〇〇万円を借り入れることができるようになったわけです。多くの人は不動産を担保にして六〇〇〇万円を調達し、二軒目の不動産や株式など資産運用を始めたわけです。そして、これが中国のバブルを生んだのです。

中国政府は二軒目の不動産の頭金割合を引き上げることで、バブルの抑え込みを行いましたが、この規制が掛かるのはあくまでも銀行などの表の金融、多くの人は二割の頭金の不足分をシャドーバンキングなどで調達し、二軒目、三軒目の不動産を手に入れていったわけです。そして、その家賃などの運用益や売却益で消費を拡大していったわけです。

このモデルでは資産ゼロだった人が三億円の資産（マンション三軒）と巨額の負債を持つ構造です。しかし、不動産が値下がりを始めた場合、このモデルは成立しなくなります。不動産に対する担保評価割れが発生し、破綻が相次ぐことになります。

最初の借り入れは二〇〇〇万円、これが一億円になったので、六〇〇〇万円の追加融資が受けられましたが、評価が五〇〇〇万円になれば、三〇〇〇万円の担保不足が起きてしまう。こうなると銀行にとっては不良債権であり、一度でもローンが滞れば一括清算しなくてはいけなくなるわけです。しかし、その場合、銀行はローン残高と売却価格の差額を実損として計上しなくてはいけなくなるのです。

一軒目は自分の住まいですから、家賃利益は期待できません。二軒目、三軒目が高い値段で貸し続けることができれば、この債務も問題ないですが、不動産の値上がりで利回りが低下しており、五年以内に販売されたほぼすべての物件で家賃利回りが借り入れ金利よりも低い逆ザヤ物件になってしまっているわけです。

本来は家賃利回りが逆ザヤになった時点で不動産投資モデルが崩壊しますが、中国の場合、シャドーバンキングが大きく、不動産の担保評価の上昇でこれが継続できたわけです。

ついにこのバブルが崩壊を始めようとしています。都市部の不動産の五軒に一軒は空き家、つまり家賃が入ってこないわけで、個人に金利の支払いだけが重くのしかかる構造になっているのが問題です。とくにシャドーバンキングの金利は高く、頭金部分の焦げ付きが大きな問題になり始めています。また、デベロッパーによる投げ売りも始まっており、大量の売り物件が出ることで一気にバブルが崩壊する懸念が出ているのです。

過去最安値をさらに下回る中国株

渡邉　いま問題になっている個人間で資金を融通する金融企業「ピア・ツー・ピア（P2P）」の融資残高二四兆円のうち七割くらいは減損すると言われています。

残るのは三割程度。不動産関連だけでも、いまの状況では最低三割程度は棄損をするでしょうし、さらに被害は広がると思われる。

宮崎　すでにP2P企業は八十数社が倒産したと報じられているのだけれど、融資残高二四兆円は少なすぎる。もっと数字が大きいはずで、この問題も中国政府にとっては頭痛の種でしょう。地方財務、企業財務、個人債務、P2Pときて、中国政府として残る手立てはなんだろうと思っていました。

案の定というか、十月に市中銀行の預金準備率を引き下げるとの発表がありました。それまでの準備率が大手銀行が一五・五%、中小銀行が一三・五%であったのを一%ポイント引き下げたのです。二〇一八年に入ってから預金準備率の引き下げはじつに五回行れて市場に金をばらまいたことになります。

つまり、アメリカが着々と金利を上げているときに、中国は金融緩和に近いような政策をとっているわけです。次にやらかす手は何かというと、やはり第一候補は株式交換というか、銀行が持っている企業への債務をすべて株に換えてしまうというやつ。これは禁じ手と言われていますが、中国のことだから「何でもあり」でしょう。

渡邉　デット・エクイティ・スワップ（英：Debt Equity Swap）と言われる債務の株式交換ですよね。これは株を稀薄化してしまうという大きな問題を孕《はら》んでいます、それが禁じ手と言われる所以《ゆえん》ですね。

要は発行株式数が大量に増えていくので、配当が減ってしまう。株式数が増えれば、当然ながら株価は落ちるはずなのですが、中国ではこれが不透明な状況になっています。

中国株は一八年九月あたりから下落が厳しくなり、二〇一五年夏から始まった株式バブル崩壊の最安値をさらに更新している状況です。そんななか、中国政府は国有銀行に国有企業の株式を買わせ始めています。次いで政府は地方政府にそれぞれの地域の企業の株式を買うよう命じています。

中央政府からも株式のPKO（プライス・キープ・オペレーション）を始めているとのアナウンスメントが出ているので、これからはどんどん株が稀薄化するとともに、政府の保有比率が高くなっていくはずです。

宮崎　地方政府に株を買わせるなどといったって、すでに地方政府は事実上赤字倒産しているでしょう。また地方債を発行するわけですか？

渡邉　地方債を発行して買うか、またぞろ融資平台というプラットフォームをつくって、株式を利用したサブプライムと同じようなことをやるつもりではないでしょうか。

いかようにも操作される中国株式市場

宮崎　二〇一五年夏に人民元の事実上の切り下げで起きた「チャイナショック」により中国株は暴落、五〇〇〇ポイント台から翌年一月には二六〇〇ポイントまで下がりました。いまは三年ぶりの暴落になるわけだけれど、半値八掛け二割引きという株式相場のセオリーをあてはめると、今回は一六〇〇〜一七〇〇ポイントまで落ち込む計算になります。ということは、まだまだ下がる。

渡邉　上海市場と香港市場に同時上場、あるいはほとんど同時に上場している株があります。ウォッチしていると、香港に対して上海のほうが三二％も高い。同じ株式ですよ。つまりそれだけ上海のほうが高値の設定になっています。裏側で誰かが買い上げているとしか思えません。試しに上海の二六〇〇のポイントを香港レートに合わせてみると二一〇〇ポイントしかない。

その部分の歪みも、中央政府なり地方政府なり、国が命じたところが背負っているはずなのです。逆に言うと、外国人投資家にとっては、非常においしいポイントで、香港で買って、上海で売れば結局その差額が抜き続けられるという構図になっている。

この市場の歪みはどこかで解消されるはずなのですが、歪みを取った瞬間に、銀行や地方政府や中央政府が膨大な含み損に苦しむことになる。なぜこんなことができるのでしょうか。会計そのもののやり方が不透明だし、マーケット原則にも則っていないからです。

宮崎　あの二〇一五年夏に政府が出した命令は、「株は売るな。空売りを禁止する」というものでした。みんな怖くて売れなくなってしまった。滅茶苦茶な話ですよ。とにかく中国の株式市場は巨大な伏魔殿だとしか言いようがない。どう見たってまともな資本主義のマーケットではない。まだまだ操作するつもりなんだろうけど。

これまで中国株のマニュピレイトで大儲けをしてきた人たちのうち、郭文貴《かくぶんき》という大ボスがニューヨークへ逃げています。そして二年前に上海のホテルで忽然《こつぜん》と姿を消したのが郭の子分の蕭建華《しょうけんか》。どうやら上海周辺で株インサイダー取引に関する裁判が行われると言われているのですが、郭と蕭という中国株操作の大立者二人が不在では如何《いかん》ともしがたい。

彼らが不在となると、中国の株式市場はいったい誰が統括しているのでしょうかね。

中国企業の海外での起債を支援してきたドイツ銀行

渡邉　中国は新興国だから金融システムが遅れていると誤解されています。しかし、実際には中国の四大国有銀行を含め、中国は改革開放以降、アメリカのウォールストリートからシステムごと輸入しています。ゴールドマンばりというか、リーマン前の一番レバレッジのかかる危険な金融システムをそっくり中国国内に取り入れているのです。

だから、金融システムそのものは最先端をいっている。けれども結局、それはマネーゲームの賜物でしかなく、実体経済にはあまり反映していなかったわけですよね。

中国の金融コルレス、つまり中国の外為取引を支えていたのは、じつは四大国有銀行ではなく、ドイツ銀行でした。それでドイツ銀行の筆頭株主は王岐山《おうきざん》副主席の一族が持つ海航集団だったのです。ところが、同社はいま実質破綻状態にあり、十二月までにドイツ銀行の株式をすべて売却したことがわかっています。

周知のとおり、ドイツ銀行自身、マネーロンダリングの疑惑等でさんざんバッシングを受けています。デンマーク最大の銀行ダンスケ銀行のエストニア支店を舞台にした巨額マネーロンダリング事件、この相手先がドイツ銀行であることがわかっており、その額最低でも一三兆円、多ければ二〇兆円規模だと言われています。また、米国は中国関連のマネロン疑惑も調査中と報じられており、ドイツ政府がコメルツ銀行との経営統合も視野に公的資金を注入し救済するのではないかとも言われている。そして、救済したところで、米国から巨大な罰金と制裁が科せられる可能性が高い。

また、ドイツ銀行は中国関連の外貨建て起債の中核であったわけですが、これも業務縮小とドイツ銀行自身の信頼性低下で難しくなっている。ドイツ銀行は、NYのマンハッタンにウェルスマネジメント（富裕層向け資産運用）部門で四フロアも使っていたわけですが、すでに撤退する事態になっているのですね。まぁ、お客の多くは中国人だったと言われています。

宮崎　落ち目のシティもここらで出てくるかもしれないけれど、ドイツ銀行の危機というのは今度は逆に、フォルクスワーゲンに直通でつながることになるでしょう。危機のすそ野が広がるわけですよ。

フォルクスワーゲンは二〇一七年は四一八万四二〇〇台も中国（香港も含む）でつくっているでしょう。メルケルはしょっちゅう北京に飛んで行って、主に話し合っているのはこのドイツ銀行とフォルクスワーゲンの問題で、他のことはほとんど、人権問題はたまに忘れたようにぽつんと付け加えるらしい。それってドイツの選挙民へのアリバイ証明？

ドイツ車メーカーが米中貿易戦争の影響を受けている理由

渡邉　米中貿易戦争の影響を受けて、ドイツ経済もかなりGDP成長率が落ち始めています。中国企業のみならず中国でつくられたものに対する関税だからです。フォルクスワーゲンやベンツやBMWなどドイツの完成車メーカーは、中国で生産した車をアメリカに大量に輸出していたのですね。この部分に大きなダメージが出始めているわけです。
トランプは「もうアメリカの高級車市場にドイツ車は要らない」とツイッターでほのめかしています。ドイツ企業のなかではとくにフォルクスワーゲン、世界最大の部品メーカーのボッシュが、どうも赤信号が点滅し始めたという状態です。

宮崎　日本車に関しては中国で生産したものは他国には輸出できないことになっているはずです。

渡邉　一九八〇年代の貿易摩擦問題でかなり苦しんだため、アメリカの生産比率が最も高いのがじつは日本の自動車メーカーなのですね。あまりNAFTAとかメキシコとかには行っていない。同時に、いわゆる地産地消型のサプライチェーンを組み始めた。

もともとアメリカで売るものはアメリカを中心としたサプライチェーンの中で組み立てる。ヨーロッパ向けは主にイギリスとかポーランドとか、賃金の安い場所で組み立てるという形です。その地域に合わせたマーケティングをしているので、今回の貿易摩擦についても比較的対応しやすいのではないでしょうか。

問題は日本で生産したものを全部アメリカに運んでいるマツダだと思います。なぜかというと、マツダはフォードの傘下にあったので、アメリカに生産工場を持つ必要がなかったという側面があったからです。

宮崎　ドイツ銀行に話を戻すと、今回の金融危機は相当に深刻なものだと思いますね。

渡邉　二〇〇八年のリーマン・ショックの前、ドイツは銀行に対してヨーロッパに保有する債券を満期目的、売買目的に分類して、満期目的にしたものは時価評価しないでいいことにしてしまった。それによってドイツ銀行が黒字転換した。赤字を黒字化させてしまった。おまけに含み損も一切公表しないでよくなったのです。

満期目的にしておいても、それが満期まで持っていて値段が上がり続ければいいのですが、その後ドイツを中心にヨーロッパ各国が積極的な財政出動を控えたことから、ドイツ銀行が抱える債券資産額が上がらないまま満期を迎えるケースが多発しました。

加えて二〇一四年、自己資本不足に陥ったドイツ銀行はｃｏｃｏ債という、一定のトリガー条項に当てはまった場合、債務を一般の株式に交換するという債券を発行、これを自己資本のなかに組み込んだのです。これが実行されそうになって、同行の株価が暴落した。その株価暴落時にドイツ銀行株を買ったのが海航集団でした。中国からの金でドイツ銀行はいったんは生き延びたのですが、いま再び中国リスクに晒《さら》されているという格好でしょうか。

中国に入れ込み過ぎた伊藤忠

宮崎　だいたい海航集団などというのは最も怪しい会社ですよ。もともとは海南島の飛行場で小さな飛行機を二、三機しか持てないような貧弱このうえない会社だった。それがブクブクと太ってきたのは王岐山が海南省の党書記になってからなのです。
海航集団はまさしく「王岐山、命」の会社。これまでやれないことが全部、王岐山の威光でやれた。あの会社を買収するといえば、国有銀行は手もみして金をバンバン貸してくれるのですから。なんたって、ヒルトン・ワールドワイド・ホールディングスはじめ、シンガポールの高級リゾートホテル・チェーンなど買いまくりましたからね。

そしていまはどうか。言ってみれば、この会社は不良債権の山脈、ゴミの巨大集積場みたいなものになってしまった。

渡邉　海航集団は世界三位だったかな、航空機リースの大手企業を買収しています。

それで海航グループのエアラインにそこがリースをしている。ところが、そのエアラインが赤字で破綻状態で支払いができません。本来ならデフォルトして破綻するのですが、グループ内で複雑なやりとりをしているのでよくわからない。そこの株式の三分の一を日本のリース屋、オリックスが買い取りました。ですから、オリックスもこれからの連鎖が怖い。

でも、伊藤忠のほうがよほどきついと思いますね。タイのチャロン・ポカパン（CP）グループ財閥と一緒に中国中信集団（CITIC）の傘下企業に一兆円強を折半出資しています。おのおの六〇〇〇億円程度の出資ですから、日本企業の対中投資で過去最大となるはずです。中国や東南アジアなどで食糧や資源開発などの事業に共同で取り組むと、香港で華々しい発表がなされました。二〇一五年一月のことです。

宮崎　伊藤忠出身の丹羽（宇一郎）さんが大使のときですね。

渡邉　民主党政権下、伊藤忠は伊藤忠出身の丹羽さんが中国大使に赴いて、中国とのパイプを深くしました。その結果、伊藤忠は中国ビジネスにおいてかなりのアドバンテージをとります。本来は三菱商事系のローソンが先に進出していたコンビニ事業で、後発のファミリーマートが急激に拡大していきます。それと同時に物流や流通はじめさまざまな分野で中国でのアドバンテージを上げることに成功した。

こうして三菱商事、三井物産を抜く勢いにまで急激に成長したけれど、その実態は中国依存度が高いという構図になってしまいました。中国に入れ込み過ぎたのですね。

宮崎　逆に言うと、中国的なビジネスモデルで太ってしまったけれど、失速するときも中国と同様に失速してしまう。そういうことですよ。いまの海航集団のオリックスと伊藤忠で思い出したのですが、もう一社、中国と強く絡んでいるところ、ユニクロはどうなっているのですか。

中国人が見向きもしなくなった高級ブランド

渡邉　ユニクロはほとんど中国生産から足抜けしようとしています。

宮崎　生産を足抜けしようが、販売店舗は中国内に山のように残っている。

渡邉　そうですよね。でも、中国経済がどこまで失速するかによるけれども、ユニクロがつくっているのは軽衣料の安いモノ中心です。高級品、高級ブランドではないというところが大きなポイントなのでしょう。

ここにきて世界の高級ブランドの株式が暴落し始めています。モエ・ヘネシー・ルイ・ヴィトンをはじめとした各ブランドです。ゼニアとかね。結局、中国シフトということで中国の富裕層に依存するビジネスモデルを構築したのですが、外貨規制その他でまったく売れなくなり始めています。ということで、ブランドビジネスにも変化があらわれ始めてきているという状況ですかね。

宮崎　あの中国の有名なチャット、微博（ウェイボー）。あそこでいま流行っている動画が、ブランド品を道路にばらまいてそのうえドタッと死んだふりをしているものです。それが大ヒットして、何百万の人が喜んで見てるようなのだけれども、みんなブランド品を丁寧に道端に並べて、そこで伏せっているわけだよね。

世相を表しているわけ。日本だって中国の爆買いの客向けにブランド品を並べたりして、ずいぶんすごかったけれど、いまはどこも中国人のお客さんは入っていない。

銀座なんか見ていても。日本人はとうにブランド物なんて買わなくなったでしょう。いま流行っているのは質流れ特売セール。質屋とか金融業者が買い込んだものです。でも、あれだって、これからは不良在庫で溜まっていくと思いますよ。

渡邉　いまは中国が買収した家電量販店ラオックスの銀座の旗艦店も赤字化してどうするかという話になりつつあります。爆買い中国人相手のインバウンドビジネスも、日本国内において全部見直しの時期が来ているかもしれませんね。

みみっちい消費しかしない中国人旅行客

宮崎　昨秋（二〇一八年）の台風被害で関空が閉鎖してから、中国人客がガラッと減って、どこのホテルも観光地もみな閑古鳥が鳴いていたでしょう。あれはいい教訓になったと思う。つまり、一つや二つの国のインバウンドに急に依存して商売を行うということが、いかに危険なのかを肌で感じたわけだから。リスク管理の初歩ですよ。

渡邉　日本政府としても、当初はインバウンドの目標を人数ベースに置いていました。人数ベースでは政権交代以降、三倍とか四倍という膨大な速度でインバウンドが拡大したのだけれど、じつは大失敗だった。人数を増やしたところで日本国内にお金が落ちなければ、また雇用につながらなければまったく意味がありませんよね。

　ということで、去年からやっと金額ベースに変更しようという動きが出てきました。金額ベースにした場合には、人数を集めるというやり方はもう成立しない。

宮崎　人数と言ったって、みんな安い民泊に泊まったり、とりわけ中国人ツアーは中国人経営の汚いホテルに泊まっているしね。いまはビジネスホテルに中国人が多いけれども、ちょっとした高級ホテルにはほとんどいませんよ。また大金持ちは五つ星ホテルのスウィートに泊ってますけれども。

渡邉　そうですね。中国でフェリーがものすごく流行っていて、船旅で来る人たちが多い。だから大阪が混んでいるわけです。大阪南港という巨大なフェリーターミナルがあるのがその最大の要因でしょう。係留費が安いということで、中国からのフェリーが利用します。フェリーが泊まるということは、乗船した中国人は陸の宿泊施設は利用しないのです。

宮崎　この人たちはみみっちい消費しかしない。昼は松屋の丼ものとかね、五〇〇円で食べられるトンカツとか。あと回転寿司。そんな安っぽい店しか行かない。

渡邉　なぜそうなってしまうのかというと、ほとんどが日本ツアーを代理購入している運び屋さんが仕切っているからにほかなりません。そんなツアーを増やしてもまったく意味がない。

それどころか、最近問題視されている「観光公害」を助長しかねない。観光客がその地域社会に与えるマイナス影響で、観光公害の負のダメージがどの程度出るかを踏まえないと、単純に金額、消費をしてくれたからといって喜べないでしょう。たとえば、大阪のビジネスホテルでは一時中国人が大量に来ることにより、一泊二～三万円になってしまった。

宮崎　ＡＰＡホテルが五万円とかね。

渡邉　そうなってくると、東京と大阪の二本社制で事業展開している日本企業はえらいとばっちりを受けることになる。二本社間の出張ができなくなるからです。たとえば東京から大阪に出張する場合、社員は出張費規定でせいぜい一日一万五〇〇〇円程度で宿泊費と食費を賄わなければなりません。なんとか自腹を切らずに予算内におさめるため、奈良の山奥や滋賀県あたりまで行って宿を確保しなければならなくなる。

大豆の報復関税で悲鳴をあげた中国農家

宮崎　その防衛策として、大阪は日帰り出張が増えた。それといま渡邉さんが指摘したような事態が実際に起きていました。

一年ほど前、滋賀県の大津へ行ったのですが、ホテルの宿泊客はたいていビジネス客だった。京都からあぶれたビジネス客は大津から湖西線で堅田あたりまで足を延ばして宿をとっていました。いやぁ、悲惨のひとことでしたが、もうあのようなことは起こらない、要は中国人観光客の嵐は二度と起こらないと私は確信しています。

少し前に京都を訪ねたとき、ホテルはかなり余裕を持って空いていましたね。それもなかなか良いホテルに安く泊まれた。インバウンドがよほど減っているという印象を受けました。

何を言いたいのかというと、今回の米中貿易戦争により大きく潮目が変わったということで、インバウンドの急減もそのうちの一つにすぎない。

米中貿易戦争は合計二五〇〇億ドルまでの中国の物品に対して一〇〜二五％の追加関税をかけるというところから始まったのですが、中国はもう悲鳴をあげています。

中国にとり一番の打撃はやはり大豆だった。中国が報復措置としてアメリカ産大豆に対して二五％の関税をかけたことが、中国の農家をぼろぼろにしてしまった。中国は世界最大の大豆購入国で、輸入した大豆は豚や鶏の餌《えさ》などに使われるのです。そしてアメリカ産大豆は輸入の三割以上なのだから、中国の農家にとっては致命傷となった。

それが証拠に中国国内の豚肉の小売価格は四〇％も上昇しています。これでは必ず暴動が起きると、中国政府は豚肉に補助金をつけて値上がりを抑えようとしている。高いガソリンに対する補助金のようなものですね。

当然、中国はブラジルなどアメリカ以外の国からの輸入に必死なのですが、いかんせん南半球なので収穫時期が逆、そのうえ輸送システムが未整備な荒地が多いのでアメリカの代替にはなれません。結果的に中国政府は、農家を死に追いやるような政策をとったことになります。

第3章

貿易戦争に疲弊し米国へ「朝貢」する習近平

アメリカの万国郵便条約離脱が中国のECサイトビジネスを全滅させる

宮崎　トランプ大統領の対中戦略の根幹にあるのは同盟関係の組み換えです。

渡邉　アメリカは中国抜きのサプライチェーンの組み換えを始めています。アメリカのやり方のすごいところは、三カ月前、半年前にきちんと政策変更に関するアナウンスメントをしていることでしょうね。したがって企業側もタイムスケジュールを立てて、サプライチェーン変更に動けるわけです。これが唐突な変更なら、現場は大混乱をきたします。

今回の中国の報復関税についてですが、年間消費の四割を占めるハロウィンからクリスマス商戦に関しては一〇%、その後二五%がかかってきます。ところが、ピークから比べると人民元レート自体が一〇%程度落ちているので、結果的に関税をかけた分が為替効果によりプラマイゼロになってしまうのですね。

ですから、直接的にいまのところアメリカ経済に明確な影響が出ることはありません。

これから中国にぐっとプレッシャーがかかってくるのが万国郵便条約がらみの問題でしょう。万国郵便条約においては、世界各国が自国から相手国までの負担はする。それで相手国に入ったら相互主義で相手国の郵便を無料で配達することになっています。中国からアメリカに渡る。

この船便の代金までは出すけれども、アメリカ国内の輸送費についてはアメリカ郵便局の負担。逆もそうなのですが、ただアメリカから中国に売っているものは農産品とか天然ガスとかばかりで、いわゆる個別発送品はほとんどありません。

それに対して中国からアメリカに売っているものを考えてみましょう。たとえばアリペイもアマゾンなんかがよく無料で五〇〇円くらいの携帯ケースなどの小物を中国から送ってきます。

これは万国郵便条約の抜け穴を突いているわけです。中国からアメリカまで物を送っても二〇〇円で送れます。実際にアメリカ国内の送料が七〇〇円かかっていても、なぜか二〇〇円で送れているのです。

万国郵便連合（UPU）による万国郵便条約は、発展途上国支援のため、一部の国からの郵送料金を安く設定しているのですが、世界最大の輸出国であり、GDPが世界二位の中国がこのシステムの恩恵を受けているのは明らかにおかしいわけですよね。

トランプは「この条約によって中国からの郵送物が不当に安くなっており、もう許さない、改善されなければ万国郵便条約から離脱する」と宣言しました。

離脱宣言をして一年間が経過すると自動的に離脱が成立します。それまでの間に交渉によりなんらかの合意、適正なエア運賃を払うという合意ができれば、残ることもありうると言われています。

ただしその場合、中国からアメリカへの送料が七倍程度になってしまいます。そうすると、中国のECサイトを利用したビジネス、たとえば小さなパーツや小物を、万国郵便条約を悪用する形で過剰に安い送料でアメリカまで運ぶことが不可能になる。まず全滅すると。これが中国の軽工業を中心に凄まじいダメージを与えることになるでしょうね。

宮崎 バカバカしい話です。何しろ中国人がこすっ辛いのは、みんな郵便小包にして事実上の、貿易をやっていることで、これに対してアメリカとしては相当不満を持っていた。

それとUPSがものすごい赤字を出していて、一七年までに三万人の人員削減をしています。土日配達もとうにやめちゃった。けれどもなかなか赤字が減らない。その原因を突き詰めていったら、中国の仕業だったということになったわけです。

渡邉 中国がものすごくアメリカの郵便制度に負担をかけていたことも事実だし、これが是正されると中国からそういうものを、小包を利用して郵送するというビジネスモデルが全滅するので、大きなダメージになるはずです。

アメリカが仕掛けるチャイナプレミアムの餌食となる中国の銀行

宮崎 米中貿易戦争に関しては近日中に鎮火するだろうと、私は読んでいます。アメリカは決して譲歩しないでしょう。けれども、中国のメンツを潰さない形で、落としどころを見つけるだろうと思っています。なぜならトランプは貿易戦争をそんなに重視していないからです。

リオデジャネイロにおけるG20で、米中首脳会談が開かれ、トランプは習近平に「九〇日間の猶予」を与えたため「一時休戦」かと思われたのですが、直後に孟晩舟（ファーウェイCFO）拘束事件、そして中国のハイテク企業排斥が一段と鮮明になったところまでは見てきました。

じつは、トランプがG20に飛び立つ前に、ホワイトハウスに招かれた一人の人物が居ます。マイケル・ピルスベリーです。彼はかつて「パンダ・ハガー」（親中派）の急先鋒だった。

それが「中国に騙されていた」と突如、対中タカ派に変節し、ハドソン研究所の所長におさまった。十月四日の対中宣戦布告的なペンス副大統領の演説は、このピルスベリーが発案し、ハドソン研究所で為されたことは記憶に新しいところでしょう。

一年前、トランプの中国問題の指南役はキッシンジャーとされました。キッシンジャーは国務長官にティラーソンを推薦し、彼は国務省予算を三〇％削減させた。国務省から外交決定権をトランプはホワイトハウスに奪還し、そのあと対中融和派のティラーソンを馘首《かくしゅ》、強硬派のポンペオを指名しました。

この間に、大統領顧問格としての国家経済会議委員長にクドロー、国家安全保障担当大統領補佐官にジョン・ボルトン、そしてUSTR代表がライトハイザー、通商産業政策局長にナバロ。こうなると対中融和派に近かったロス商務、ムニューシン財務各長官も対中タカ派に同調せざるをえなくなったのです。

セッションズ司法長官辞任に伴い、ウィリアム・バー（ブッシュ父政権下でも司法長官）、またヘイリー国連大使に替わってナウアート（国務省報道官）女史が指名されました。ダンフォード統合参謀本部長に替わるのはアーク・ミリー陸軍参謀長です。

続いてホワイトハウスのトップ首席補佐官のジョン・ケリーも辞任し、新しい首席補佐官代行にミット・マルバニーが決まった。マルバニーはサウスカロライナ州上院議員二期のあと、連邦下院議員三期、ティーパーティーに近く、トランプ政権発足とともに行政管理局予算局長（閣僚級）に指名された経緯があります。上院の指名公聴会では賛成五一，反対四九というきわどさだったのも、マルバニーが超保守派だからです。

マルバニーは予算局長として辣腕《らつわん》を発揮し、国防予算大幅増、国務省予算の三〇％削減（正確には二八・五％）の中心人物です。そのうえマルバニーは、首席補佐官「代行」としての任命で当面予算局長も兼務するようですが、「代行」ののち、本心は財務長官をのぞんでいると噂されます。

それはともかく、トランプ、ペンス正副大統領、マティス国防、ポンペオ国防の列に首席補佐官マルバニー、大統領補佐官ボルトン、USTR代表がライトハイザー、通商産業政策局長ナバロ、そして国家経済会議委員長クドローと、対中国タカ派が米国政治の中枢に陣取ったのです。

マルバニーは「中国が折れるまで、米国は姿勢を変えない」と発言しているほどの強硬派、ホワイトハウスに中国同調組はいまや存在せず、アカデミズムはキッシンジャーをのぞいてパンダ・ハガーはほぼ全員が変節、議会派は上下を問わず、アンチ・チャイナの大合唱団。だからメディアも時としてトランプより対中姿勢が強硬になる。米中貿易戦争は高関税合戦からテクノ防衛戦という「新冷戦」の様相、次は金融戦争、究極は通貨戦争へと突き進むことになり、もはや中国経済の崩壊を避けて通る道は絶無となったのではありませんか。

トランプの本命は「金融戦争」ですよ。具体的に金融戦争でどんな手を使ってくるか。典型がBNPパリバ銀行でしたよね、ドル取引を停止されたのは。二〇一四年六月、アメリカ司法省は仏銀最大手のBNPパリバに対し総額八九億ドル（約九〇〇〇億円）の罰金を科すと発表しました。理由は、米国法違反。アメリカが金融制裁の対象としたイラン、スーダンとの間で金融取引を続けていたからでした。さらに世界が衝撃を受けたのは、BNPパリバが一年間のドル決済業務の禁止を命じられたからでした。これって、事実上の銀行業務停止ですよ。

もしアメリカが同じことを中国の銀行に対して行ったらどうなりますか？

渡邉　間違いなく潰れます。日本のバブルが崩壊した一九九〇年代初頭のことを考えるとわかるのですが、アメリカは日本の銀行が保有する株式価格が下落したため時価評価でＢＩＳ（国際決済銀行）が設けた自己資本基準を満たしていないと判断した。それで日本の銀行はジャパンプレミアムで二％の付加金利をかけられてしまったのです。

これにより日本の銀行は、アメリカ国内でのドル調達が難しくなった。たとえばアメリカの銀行が三％で借りられるものを、日本の銀行は五％もの金利を払わなければならなくなった。その結果、アメリカ国内における邦銀の競争力が全滅しました。

同時に貸し付け先である日本企業にも負担がかかった。その結果、日本企業はアメリカ国内に持っている資産をすべて売却する方向に動いた。その典型がＮＹのロックフェラーセンタービルを買った三菱地所でした。

同様に、今後アメリカは何らかの理由をつけてチャイナプレミアムを中国の銀行にかけてくるでしょう。それにより中国の銀行はアメリカ国内でのドル調達がどんどん難しくなっていく。それと同時に、いまもすでに起きていますけれど、海航集団や安邦保険、エンタテインメントの産業の雄と言われた万達（ワンダ）などアメリカ国内で爆買いをしていた企業体がどんどん資産を売却し始めているでしょう。万達もアメリカの映画会社を買っていたけれど、これの三分の一を売っ払った。こんな形でどんどん資産売りを進めていっています。

宮崎　万達（大連万達集団）は映画館チェーンを持っていましたね。万達集団のCEOは王健《おうけん》林《りん》。習近平ファミリーとのコネが強いので、いまのところ倒産しないですんでいます。

渡邉　映画館チェーンは万達から中国国有の別のファンドに売りました。さしあたって。

宮崎　なるほど。国内で処分したわけですか。

渡邉　はい。映画会社のほうはもともと持っていたファンドに買い戻してもらいました。万達が買収すると言っていた映画スタジオはお金が調達できずに失敗に終わりました。中国企業による買収劇はこの二年、ほとんど失敗しています。二〇一五年の株式バブル崩壊以降、中国政府が海外にお金を流せなくしたので、外貨が調達できずに全部失敗に至っているということですね。

トランプに潰されたブロードコムのクアルコム買収

宮崎　アメリカの対中制裁に関しては第一幕と第二幕とがありました。第一幕は半導体メーカーのクアルコムを守ったこと。第二幕はファーウェイとＺＴＥ。シンガポールのブロードコムによるクアルコムの買収を、トランプが安全保障上の理由から許可せず、土壇場で失敗しています。しかもアメリカは、「今後中国企業によるアメリカ企業の買収に関しては四五日前までに事前申告をせよ。これに違反した場合には買収想定金額の罰金を命じる」という滅茶苦茶な法律をつくりました。

渡邉　シフィス（ＣＦＩＵＳ：Committee on Foreign Investment in the United States, 対米外国投資委員会）の話ですね。ブロードコムはもともとアメリカの企業。携帯電話に組み込まれる通信チップ分野におけるリーダーカンパニーで、クアルコムとともに二強と言われているところです。

　ところが、ブロードコムに華僑《かきょう》系の資金が入ってきて、事実上中国政府に握られているのではないかという懸念が取り沙汰されていたのです。これに対して、アメリカは買収はまかりならぬという判断を下したわけです。その後、ＺＴＥ、ファーウェイの問題、宮崎さんがおっしゃる第二幕につながっていった。

宮崎　それはハイテク企業に対するアメリカの国家としての防衛だと思います。そして次にチャイナプレミアムをつけるわけですね。

ＩＥＥＰＡ法と米国自由法があればアメリカは何でもできる

渡邉　ジャパンプレミアムは小泉政権時代まで続きました。二％から一％まで下がりましたがね。中国の銀行に対するリスクが見直された場合、チャイナプレミアムがかけられる可能性は非常に高いのではないでしょうか。いま、中国の四大国有銀行は時価総額で世界のナンバー5のなかに四行がそろってランクインしています。

ただこれは膨れ上がった時価総額で、資産=負債でもあります。これからこれがどこまで縮小していくかが見物ですね。日本がバブルのとき、日本のメガバンクが当時の資産のトップ10のなかに五行もランクインしていたことを思い出します。

今度のターゲットは中国の銀行で、まずは行員が損失を取り戻すためにアメリカ国債の簿外取引を行って大事件に発展した大和銀行問題みたいなものが起きて、次に東芝ココム違反事件と同じようなことが起きるのではないでしょうか。

宮崎　一九九五年あたりでしたかね、事件が発覚したのは。大和銀行の場合、司法取引でたしか史上最高額、三五〇億円の罰金を支払ったと記憶しています。同行はあれで経営がおかしくなった。いまもそういうケースは重々考えられる。もう一つ、ドル取引の停止といったペナルティはどういう想定のもとで起こると思いますか?

渡邉　現在のアメリカにおいてはIEEPA法（INTERNATIONAL EMERGENCY ECONOMIC POWERS ACT：国際緊急経済権限法）および米国自由法、この二つの法律が中核になっています。

国際緊急経済権限法はアメリカの大統領令一本ですべての経済活動を抑制、あるいは禁止できるという法律です。強烈な法律で、その発動条件はアメリカの安全保障に関わるものとされています。

米国自由法はかつて愛国者法（パトリオット法）というテロ対策としてつくられた法律です。これも強烈で、その対象の資産を没収できるものなのです。この二つの法律を柔軟に適用すれば、中国人民解放軍の武器調達部を対象にして罰することができます。

北朝鮮との取引、テロ対象とされている主体との取引が判明した場合、アメリカ当局は何でもできるというわけです。

中国の四大銀行が北朝鮮と取引し、決済にも関わっているのはとっくの昔からわかっていることでしょう。これを理由にアメリカはいつでも動ける体制にある。ただし、実行したときの経済的なダメージを被る。現段階で動くとアメリカ経済との切り離しがまだ終わっていないからです。それを徐々に進めていき、中国が持っているアメリカ資産をどんどん売却させて、その影響が少なくなった時点で一気にばさっと袈裟《けさ》斬りするのかなという気がしています。

宮崎　となると、そのオリジナルを考えたのはやっぱりナバロ氏ですか？

渡邉　ピーター・ナバロ氏は考えているでしょうし、米商務長官のウィルバー・ロス氏はバブルの後、日本に舞い降りたハゲタカですからね、あの人は。

米通商代表部（USTR）のライトハイザー氏もそうでしょう。それから貿易摩擦と日本のバブル潰しで儲けた人たちが、いまのトランプ政権の中核にいます。困ったことに彼らは成功体験を持っています。

宮崎　彼らはまた自分たちで濡れ手に粟をやろうとしている。やはり今度も、アメリカビジネスモデルになっていくわけだ。

反中はアメリカのコンセンサスである

渡邉　中国の場合は資本の移動の自由がありません。資本の移動の自由もなければ私有財産の定義そのものも不明確で、透明性がなく国有企業を中心としてすべてが回っている。

中国でアメリカのハゲタカが儲けようとすれば、資本の移動の自由を認めさせて、完全に資本を自由化して、株式に関してもコントロールはダメ、統制経済はダメということを中国当局に飲ませる必要があります。

けれども、中国当局がこれを飲むとはとうてい思えないので、その次の戦略としてはやはり軍事衝突を含む、中国改革開放のためのプロセスをとっていくという気がしています。

最近、アメリカの政治家の演説のなかで「チャイナ」という言葉を使う演説が少なくなっていて、「チャイニーズ・コミュニスト・パーティー（中国共産党）」が多い。これは中国人民を相手にしているのではなく、中国共産党に対する戦いであるという表現なのかなという気がしています。

宮崎　先刻、中国のエンタテインメント企業の万達がハリウッドのスタジオの買収を断念して、もとに戻ったという話がありましたよね。この一〇年間、ハリウッドの映画のプロデューサーたちは遠慮して、中国を批判する映画を一切つくってこなかったわけです。でも、これからは反中映画が出てきますよ。

いまのアメリカには一般国民、議会、メディアに至るまで反中の空気が蔓延しています。ペンス副大統領も「反中はアメリカのコンセンサスだ」とまで言っています。

渡邉　ペンスの演説のなかに、「レッド・ゾーン」は中国がアメリカを攻めてくるという映画だったのを、中国当局に配慮して北朝鮮に変えたというものがありましたが、そうしたいわゆる中国統一戦線による情報工作を潰していくという動きが出ています。いま、ワシントンで「統一戦線」という共産党用語がひたすら使われている……。

宮崎　トランプ政権になって少なくとも副大統領の口からそういう言葉が出たのは初めてではないかな。

NDAを読めばアメリカの軍事方針が明確にわかる

渡邉　一八年一月に議会に、「アメリカの政治家に対する中国の情報工作に関する報告書」が出され、それ以降、アメリカのロビー体制が大きく変わったと言われていますよね。

宮崎　議会報告書は、本当は重要なのだけれど、アメリカのメディアに対するインパクトがない。あれをきちんと翻訳して伝えている日本人ジャーナリストは古森義久さんぐらいでしょう。

渡邉　古森さんですよね、ひたすら翻訳している。前述の国防権限法にはアメリカの軍事方針が描かれています。たとえば、孔子学院を追い出すとか、中国の工作を排除するとか明確に書いてある。

基本的に議会が大統領、ホワイトハウス、行政に対して「これをしろ」と命じますが、大統領は大統領権限に基づいてさまざまな行政行為を行います。唯一出せる大統領令は法律にもよるけれども、対戦争とか対テロへの判断になると、ものすごく拡大される。大統領は最高司令官でありアメリカのトップなのです。

宮崎　所詮大統領制とは、大統領に権限を集中させて、つまり大統領令、エグゼクティブオーダーを発令したら、戦争であれ一方的に大統領一人で決めることができて、議会の承認は後日承認で構いません。
　ということは、軍事作戦を三〇日以内に終結させればいいわけですよ。イラク戦争とかみんなそうでした、だいたいアメリカが戦端を開くときは。
渡邉　そうそう。オバマには度胸がなくて大統領令を出せなかった。シリア紛争のときでしたが。
宮崎　オバマはアメリカの歴史が始まって以来、もっともおかしな大統領の一人ですよ。アメリカ的な要素をほとんど持ち合わせていません。そういう意味ではトランプは久々にアメリカ的精神論にぴったり合うようなのが出てきた。

実際はゼロに等しい中国の外貨準備高

宮崎　アメリカの対中制裁の第二幕は金融で、アメリカはまだまだ手段を持っているという推論なのですが、第三幕は、おそらく通貨戦争を始めると私は思う。要するにプラザ合意２・０です。いままでアメリカは、中国は人民元を不当に安く操作していると追及してきたけれども、いまは逆で、不当に高く操作しています。
渡邉　高く操作していたから為替操作国の指定をしなかったのです。けれども、ここにきて一

○%実効レートが下がってきている。これ以上人民元安に誘導するようなことがあれば「為替操作国」の指定をして経済活動にさらに制限をかけるぞ、とアメリカは脅しをかけているのですね。

中国としてはこのバブルが弾けそうな状況において、通貨の増刷を行って「預金準備率」を下げて、いわゆる量的緩和によって経済を改善するという方法を取りたいわけです。ところがこれをやった場合、当然ながら、外国通貨に対して人民元が稀薄化するので人民元レートは安くなっていきます。

でも、アメリカは通貨安にしてはならないと言っている。経済原則からすれば、必然的に通貨安になっていくという過程において、通貨を高く維持しろと言っている。これをやろうと思うと、何をしなくてはならないのか。外貨準備を使って通貨防衛をしなければならなくなるわけですね。

宮崎　そうです。だから中国当局としては、大切な手持ちのドルを人民元防衛に注ぎこまざるをえなくなる。

渡邉　手持ちのドルについては、外貨準備三・一兆ドルのうち米国債が一・一七兆ドルくらいでしょうか。それに対して短期の銀行債だけで一・一兆ドル。中長期債まで入れると一・六兆ドルの借金を抱えている。つまり、事実上、外貨準備はゼロに等しい。

宮崎　私は前から言っているのだけれども、中国の外貨準備高はゼロもしくはマイナス……。

渡邉　なので、その結果、いま中国政府が何をやらせているかというと、中国企業が持つ外国資産を強制的に売却させているわけです。企業が外国資産を売却すればドルが手に入るので、そのドルを外貨準備に組み込み、通貨防衛に使っているのです。

それから中国政府はあらゆる手段を行使して、ドルを回収しようと躍起になっています。

ドル召し上げのターゲットとなる民間人と民間企業

宮崎　そのはしりが范冰冰《ファンビンビン》事件なんですよ。脱税容疑で八億八三〇〇万元（約一四六億円）という巨額の罰金を科せられたのだけれども、彼女は四一軒のマンションを売って資金づくりに乗り出した。

これは明らかに外貨狙いです。それで過去に不当に申告をした人は、年内に修正をすれば許すというふれこみで、民間からドルを捻出《ねんしゅつ》させようとしている。民間企業がみなそれをやらされ、次の狙いは外資企業ですよ。だから今度は日本企業がやられる。というか、中国に出てきたすべての外国企業がね。

渡邉　非居住者に係る金融口座情報を税務当局間で自動的に交換するための国際基準に「共通

報告基準・CRS（Common Reporting Standard）」があります。

一八年の九月末までにCRSに基づく国際的な租税情報交換が行われて、たとえば日本にいる外国人と外国にいる日本人、外国にいる中国人と中国にいる外国人、こうした情報が自動的に交換され始めました。各国際金融機関との決済を行う金融機関に対して、すべてマイナンバーで本人を特定できる資料提出を求めて、中国人のアメリカはじめ海外に持つ資産も明るみに出てしまったのです。

宮崎　それだけ中国に外貨準備がないということの裏返しでもあるのです。

渡邉　それもあります。マネーロンダリングの防止のために国際的なルールが機能し始めて、中国当局はそのデータを手に入れる環境ができたということです。日本でも何百人に関して、これから調査が始まりますし、世界的に大きな動きになる。

でも、中国人で海外に資産を逃していた人たちの情報を中国当局がすべて手に入れてしまったことは大きい。

宮崎　アメリカからは手に入れたけど、中国が没収して持って帰る前に、アメリカがその資産を凍結するという手段もあります。

ＣＩＡの調査では、中国人がアメリカに移した資産額三兆八〇〇億ドルと言われていますが、何のカテゴリなのかは不明です。

渡邉　それは氷山の一角かもしれないけど、今後、かなりの部分が表に出始めると思います。ジャック・マー（馬雲）の引退も中国政府に個人資産を寄付しろと言われているらしい。

宮崎　というよりマー自身が共産党のメンバーであることを「人民日報」が明らかにしました。これで世界中に失望が拡がった。アリババは中国が産んだ最初の民間企業で、自由な企業活動を展開してきた希望の星とされたからです。

一四年にアリババはNY株式市場でIPO（株式公開）をはたしましたが、そのときに、マーが共産党員であることは公表されていません。

共産党員である限りは「人民と党のために犠牲的貢献をなさなければならない」という党員規約に縛られます。つまりアリババは党経営になるという言外の意味をふくめているため、投資家に不安を与える怖れが高く、共産党員という身分を隠してきた。

もっとも二〇〇七年のダボス会議で、発言の機会を与えられたジャック・マーは「私は中国政府と愛を共有しており、しかし結婚には至っていない」とジョークともつかぬ発言をしていました。

その後、アリババは突然香港の「サウスチャイナ・モーニングポスト」の買収に動き、同メディアを買収した。以後、同社は北京寄りにスタンスを変えたのか、といえばそうでもなく、中国共産党を正面からは批判しないけれど、社会のダークサイドや経済犯罪などはちゃんと伝えています。またマーは、一九年九月までにはアリババの経営トップを退き、以後は学校教師にもどるか、社会貢献をすると発言しています。

中国共産党は民間企業も外国資本も、社内に共産党「細胞」を置くことを命じており、この措置に反発する欧米企業のなかには撤退を表明している企業もあるが、日本企業の多くはまだ残存する。

南シナ海で着々と進む米軍による対中国シフト

宮崎　先刻出てきたプラザ合意2・0が行われる場合、これはもうほとんど最後の手段に近いと思うのですが、その前に中国がガタガタになったときにどうなるかでしょう。物理的に戦争に入るというのが一番のリスクですよね。

渡邉　戦争を始めるとすれば、やはり南シナ海ということになると思います。だから一八年の十月二十二日、アメリカは台湾における最大級の航行の自由作戦を実施しています。それは旧日本軍の軍港があった南の高雄から二手に分かれて、台湾島の北端の基隆《キールン》まで一日かけてゆっくり航行した。

さらにフィリピン海域でも動きがみられます。もともとフィリピンにはスービックにアメリカ海軍の基地がありました。この基地がなくなったことで、中国は南シナ海への進出を強化して、南シナ海に人工島をつくり始めたわけです。

それでオバマ政権のときにフィリピンとアメリカとの間で中国を国際司法裁判所に提訴するのと同時に、米軍基地を再び戻すという話が進んでいた。

ところが、フィリピンにドゥテルテ大統領が誕生した。ドゥテルテとオバマとの関係が最悪、なおかつドゥテルテが中国寄りの政策をとっていたので、アメリカ軍の基地を戻す話がペンディングになっていた、というのがこれまでの流れなのです。

それが、今回ドゥテルテがイスラエルに行き、イスラエルと友好関係を結んだ。その裏でアメリカのボルトンなどと話をつけて、できるだけ早い段階でスービック湾に米軍基地を再び復活させることで合意したと聞いています。

スービック湾に米軍基地が復活すれば、台湾に対しても日本の自衛隊基地との間にある位置関係からも、台湾防衛はかなり強固になるはずです。同時に、陸上自衛隊が石垣島に駐屯地を設ける動きがあり、アメリカ軍との合同軍事演習を行える仕組みが出来つつあります。これはもう完全に対中国シフトに向けた動きだと思いますね。

復活が濃厚になってきたフィリピン・スービック海軍基地

宮崎　ここでちょっとフィリピンの実相についてふれておきましょう。タガログ語がフィリピンの言葉だと思っている方が多いようですが、それは大間違いで、あれはルソン島でしか通じません。とくにミンダナオ島はキリスト教徒とイスラム教徒が入り交じっているのだけれど、南のほうは反米色が強い。親米はルソン島のマニラだけと言っても過言ではない。そこが問題ですね。

もう一つ、マニラのチャイナタウンは世界最古のチャイナタウンで、フィリピンの金融と流通を牛耳っています。だから、マニラの政財界は完全に反ドゥテルテ。ところが、南はみんな親ドゥテルテで、ここがややこしいところですね。それからスービックとかクラーク（いずれも現在は経済特別区）はマニラに近いですから、ドゥテルテが何らかの形でマニラ派と妥協したときにはスービック基地の復活も可能になるのでしょうね。

渡邉　フィリピンの大統領は任期が一期限りなのです。すでに次の大統領は親米派大統領になるのではないかという政財界および地方との話し合いもかなり進んでいるようで、ドゥテルテもアメリカ側にかなり寄ってきているという話は聞いたことがあります。

宮崎　最有力候補は（マニー・）パッキャオですよ、ボクシングの（笑）。だって以前にも映画俳優がフィリピン大統領になったし、パッキャオは現実にいま、上院議員です。

渡邉　という話は聞こえてきていますね。ドゥテルテ自身も南シナ海問題をペンディングするときに、中国側から一兆何千億円程度の支援をもらえるという話だったようです。ところが、それが御破算になり、フィリピン国内でも大きな問題になりつつある。

宮崎　日本ではあまり詳しくは伝えられていないけれど、マラウイという四〇万人都市にＩＳ（イスラム国）が入り込んで軍事作戦を始めた際、フィリピンは正規軍を投入してマラウイのＩＳを壊滅した。一時のベイルートみたいです。

それでマラウイが瓦礫《がれき》の山になってしまった。その復興計画に中国が一〇億ドルを持ってくると持ちかけたわけです。でも、それは騙《だま》しで、中国は何もしなかった。

空軍基地だったクラークは現在、経済特別区になっているけれど、フィリピン空軍の基地として使用されています。民間機が飛んでいます。アシアナとキャセイ・パシフィックだったでしょうか。数年前に高山正之さんらと視察したとき、クラーク基地の周りがコリアン・タウンになっていたことに驚かされました。

またスービック海軍基地だったところは広大で、シンガポールとほぼ同等の面積があります。いまは工業地帯になっていて、結構中国の資本が来ていますし、アメリカの資本も来ています。

あの周りでフィリピンの女性と結婚したアメリカ人、つまり退役軍人村に暮らしているのですね。仮にスービック海軍基地の復活が決定すれば、相当迅速にプロジェクトは進むといった印象を持っています。

渡邉 軍事支援会社などが土地買収を終えているという話も伝わってきています。たぶんそのつもりでいるのでしょう。米中関係の悪化の速度のほうが、米比軍事作戦よりも非常に速い速度で進んでいる気がするので、このあたりの速度調整をどうするのかという懸念がありますよね。

宮崎 速度調整ね。ちょっと難しい話になってきたな。

速すぎるアメリカの貿易戦争の仕掛け方

渡邉 貿易戦争の仕掛け方をみると、アメリカ側が経済封鎖的な作戦をかなり速い速度で進めていることがわかります。少しペースを落としていくと、中国崩壊が先送りされるわけです。

どういうことかと言うと、貿易戦争と対中軍事作戦、さらに金利調整を中国の崩壊に向けてタイミングよく進めていかないと、世界経済に与えるダメージも大きすぎるから、アメリカは細心の注意を払わなければなりません。言い換えると、経済と軍事と国際コンセンサスの三極をバランス良く進めなければいけない。
アメリカやその他の西側社会に影響があまり出ないように、中国だけを内側に潰していくのが最適解だと思う。それをなし遂げるためには、いまはちょっと貿易戦争の速度が早すぎる気がします。

宮崎　そう。ヨーロッパが慌てふためいている気がする。

渡邉　世界的なコンセンサスを取るうえで、あまり速いとやりづらい。中国が壊れていくことをみんなが認識して、「壊れていっているな、逃げろ」となったときに、「いっせーのせ」でドンとやらないといけません。しかしながら、いかにアメリカといえども、経済と軍事と国際コンセンサスを同時並行的にバランスを取って中国を追い込むのは難儀なことでしょうね。
逆に日本政府は、先の日中首脳会談が出してきた友好イメージのみですべてを先送りしています。

宮崎　それにしてもG20の米中首脳会談は中国のほうからトランプの泊まるホテルに出向いたようで、まるで「朝貢」です。関税九〇日の猶予という果実の替わりに粛々と構造改革を行わなければならなくなるとは。きっと一番驚いているのはたった一年前には「社会主義強国」を唱えていた独裁者・習近平氏本人ではありませんか。

第4章

韓国は日米の「敵国」になる

明らかに自ら墓穴を掘っている文在寅政権

宮崎　観艦式旭日旗拒否、徴用工問題における異常判決や慰安婦財団解散など二〇一八年は、韓国に対して「断交」の声がかつてないほど高まりました。なにせあの朝日新聞でさえ徴用工問題では韓国を批判しています。

渡邉　断交するのはいいのですが、北朝鮮の問題がまだ解決していないのでそれが一番のネックになっています。本来であれば断交の前に駐韓大使の召還を行って、日本にいる韓国大使を強制的に追い出す作業をする。でもこれをすると北朝鮮の拉致問題等があるので、結果的に大使の召還が難しいという政府側の判断になっています。

日本政府は国際社会に不当性をアピールし、企業に課せられた賠償金を韓国政府が本来のルールに従って払うべきだと示しています。

文在寅《ムンジェイン》は結局、自ら墓穴を掘ったのだと思います。条約上はもともと日本は個別補償が必要なものに関しては応じると示していたのに対して、韓国は北朝鮮の分まで含めた朝鮮半島全体の賠償金を取ってしまっている。したがって、請求が出た場合、韓国政府にその賠償責任が生じるというのが国際的な法理解からすれば正しいわけですよね。

宮崎　それからもう一つ、日本が戦後七〇年の間で断交したのは台湾だけです。アメリカなどはしょっちゅう行っているけれど、断交という措置はものすごく大変な外交決定です。

一番大変なのは、大使館の土地の確保と大使館における主権の確保に対して、相手国にどこまでの理解があるかでしょう。一八年トルコで起きたカショギ暗殺事件、サウジの領事館にあれだけの盗聴を仕掛けているのは主権侵害でもある。

渡邉　本来、ウィーン条約二二条により、大使館および大使館周辺の平和を守る義務がそれぞれの受け入れ国にあるとなっています。けれども、韓国はこれをまったく無視して、日本大使館前に慰安婦像を置いた。

宮崎　守ろうという気がないのですね。ソウルのアメリカ大使館の前には装甲車がつねに二〇台ぐらいいるけれど、日本大使館前には何もない。私が行ったとき、前の道路に警官が三人だけでした。

渡邉　そのアメリカ大使館ですら、最近は頻繁にデモが行われていて、デモ規制を韓国政府がかけきれていません。アメリカ大使館側が抗議をしたところ、警察がそれに対して否定的な反応を示したということで、アメリカ側もかなり問題にし始めています。つまり、いままで日本に対してやってきたことが、今度は慰安婦問題を含めてアメリカに向き始めたのです。日本の慰安婦の問題は第二次世界大戦までだからすでに七〇年が経っていますが、在韓米軍相手の慰安婦商売は一九八〇年代後半まであったわけです。国が認める形でね。

宮崎　それと非公認の売春組織がゴロゴロある。あれは余った人間をみんなアメリカに出しているからです。アメリカで売春組織の手入れがあると、捜索対象の半分が韓国の売春組織で、だいたい二〇万人ぐらいはいます。だから、よく言うよなって感じです。

歴史をクリエイトする韓国

渡邉　今回問題となっている韓国側の徴用工は実際にはそうではなくて、単に募集に応じた集団就職みたいな連中なのですね。

宮崎　あれは全部インチキだ。だいたい創氏改名を強要されたというけれど、そんなのは嘘っぱちにほかならない。日本側が創氏改名を受け付けると言ったら、「日本人になれる」と大喜びして長蛇の列をつくった。しかも、どうせ名前をつけるなら良い名前をと、姓名判断する業者の受付が役所の前にずらりと並んでいた。これが真相です。

渡邉　当時、平民は姓を持っていなかったから、みんな金《キム》はじめ、貴族階級に相当する両班《ヤンバン》と言われる支配階級の姓を選んだ。ただそうした両班に属する人たちの主な姓は七つほどしかなかったため、当時五％もいなかったはずの両班姓がいつの間にか七、八割に増えてしまったと言います。

宮崎　系図をでっち上げますからね。「うちは由緒正しき……」と自慢する韓国の人間が多いのですが、あれはお墓に行けばすぐに本当かどうかがわかる。中国と同じように一族の宗廟《そうびょう》があるから、一目瞭然《いちもくりょうぜん》です。

渡邉　歴史をクリエイトすると言われる国ですから。

宮崎　そうそう。歴史捏造《ねつぞう》に関しては「アーティスト」の称号を与えてもいい（笑）。

渡邉　朝鮮半島にはもともと文字がなく、昔は文盲率が九五％と言われていました。書物に書き留めるという作業がない文化が長らく続いていました。日本の場合、三、四世紀あたりから書物で記録を残してきた。

宮崎　日本に紙が入って来たのはいつですかね。それまでは竹簡《ちくかん》に書いていた。中国の古い文献、『孫子』とか『論語』とかはみんな竹簡に書いていた。日本の場合、早くから紙に書かれていた。

渡邉　和紙の歴史は古事記によれば、二八五年に中国系百済《くだら》人の王仁《わに》により『論語』と『千字文』が招来したとあります。これが日本における書物の伝来とされています。日本の紙づくりは大別すると、自然に紙漉《かみすき》が発生したとする説と、渡来人による伝来説があって、どちらもだいたい三世紀から四世紀。ですから、一七〇〇年くらいの歴史があるということなのでしょう。

宮崎　三世紀ね。エジプトのパピルス、あれは紀元前でしょう。

渡邉　だから、エジプトから数百年かかって、シルクロードを渡って中国に伝わってきた形ですね。

宮崎　唐《とう》の文化と言っても、たとえばガラスにしたってペルシャからシルクロード経由で当時の長安、いまの西安に来たものですよ。

それを偉そうに唐三彩などと呼ばせて悦に入っている。あれはよく見たら、まったくのペルシャ様式です。

だから中国は大昔から輸入品をコピーし、製品としてきたわけですね。本当に大風呂敷を広げる天才だ。

韓国から撤退しない日本企業は株主代表訴訟を受けることになる

渡邉　今後、徴用工で訴えられる日本企業は続出するでしょう。だって金がもらえるわけですから。韓国政府が相談窓口をつくったのですから、日本企業は何もかも売り払って堂々と撤退すればいい。

いや、日本企業の経営者は一日も早く撤退しなければならないと思います。なぜなら、これだけのリスクを抱えた状態で企業経営をしていること自体、株主代表訴訟の立派な案件になるからです。

宮崎 ただ、韓国に進出している日本企業の経営者の多くは、韓国人と血縁があって、べったり向こうの人なのです。だから撤退は難しいから現地法人化すると思います。事実上の撤退ですがね。

渡邉 それしかないと思います。中国にしてもそうですが、いま日本企業の経営者は撤退という英断を迫られています。

宮崎 新日鉄の例を見ればわかるように、あれだけ懇切丁寧にポスコを指導したにもかかわらず、結局裏切られているわけでしょう。新日鉄は大損もいいところです。

渡邉 全部そうですよね。ロッテだってそう。このままでは韓国ロッテもどうなるかわからない状態です。例の中国の国を挙げてのロッテ製品ボイコットを受けて、中国のロッテの事業は壊滅状態に陥っています。

宮崎 ロッテもやんちゃなことをやるからね。日本人なら絶対やらないことを平気でやってしまう。

渡邉 日本から在日韓国朝鮮系企業もかなり韓国に出ていったけれども、こうなってくると全滅に近い状況になりつつあります。

韓国企業のように夜逃げはしない日本企業

宮崎　これも一〇年ほど前のことですが、対岸の山東省の青島とか威海衛《いかいえい》とかに韓国企業がどんどん進出していました。それがいまは歯抜けマンションがゴロゴロあります。みんな夜逃げするわけですね。従業員の賃金を払わないで、さっさと韓国に帰ってしまう。

日本の企業はそれができない。韓国企業と違うのはそこなのです。日本企業が韓国からすぐに帰って来られないのは、最後まできちんと整理をつけて撤収しようとするからです。韓国企業みたいにすーっと逃げろとアドバイスをしたいところですけれどね。

渡邉　基本的に日本型のビジネスモデルとは、その地域にジャストインタイム生産システムを構築するわけです。その地域に部品工場や関連企業を連れて行ってモノを生産する。けれども、関連工場が抜け始めるとまったく生産効率が悪くなって、生産が成り立たなくなる。

だからアメリカなどでもそうなのですが、トヨタが出ていったところにトヨタ関連の一次サプライヤー、二次サプライヤーが集まってきます。その周辺にコバンザメみたいに現代《ヒュンダイ》が自動車工場をつくって、そうした日系の部品屋から調達するような構造になっているのです。

宮崎　そういえば、アメリカのローカルコンテンツ法については六二・五％から七〇％に引き上げるという話だった。そうすると日本の部品メーカーはまたぞろアメリカに大挙進出することになるのでしょうね。

渡邉　アメリカのビッグ3にしても、日系の部品メーカーから大量に調達している状態なのです。だからアメリカはアメリカで、単独で組み立てはできても、部品をつくれない状況になりつつあります。やはり二〇〇五年にアメリカ最大の部品会社・デルファイが潰れたのが大きいですよね。デルファイの中核資産は投資会社に売却され、バラバラになってしまった。

徴用工問題で仲裁機関の介在に否定的な韓国

宮崎　（韓国徴用工判決について）国際裁判所に提訴すると言ったら、韓国は黙ってしまった。日本は提訴したらいい。

渡邉　実際、日韓賠償請求権協定第一条に経済協力の内容が金額まで具体的に記されています。さらに第二条においてすべて解決していると示されています。個人のみならず民間部分、企業に関しての債務も韓国政府が負う、とされている。

加えて第三条には仲裁手段が書かれています。もしこれでも問題が起きた場合は、第三国を交えた形で仲裁機関で話し合いをするとね。

しかしながら、韓国側がその仲裁自体に否定的なので、結果的にもう国際司法裁判所に付託するしかない。国際司法裁判所に付託する場合で、両国が付託するのか、単独で付託するのか、という形になる。でも、韓国側が呑むわけはないので、日本の単独付託になるけれど、韓国が出てこない限り、国際裁判は進みません。

ただし、日本政府としては協定に書かれている内容や国際ルールに基づいて粛々とやっている。誠意を持って対応しているのを国際社会にアピールできる、というプラスのポイントはあります。

日韓基本条約とその賠償請求権協定には大きな欠点があって、本来、国際協定等に関しては真ん中に英語による成文をつくって、対訳という形でそれぞれの国の言葉に訳します。ところがこの当時、日本語と韓国語の二カ国語でしか条約が存在していないのです。英文版がないがゆえ、国際社会に訴えるのに非常に面倒なことになっているわけですね。

ですから、外務省としてはとりあえず国際社会に日本の正当性をアピールしていく。各国大使館にそのような指示を与えたというのが、今日まで報じられているのです。

宮崎　フィリピンがスカボローで提訴をしたときに、中国が乗ってこなかったでしょう。あれは一方的にフィリピンだけで提訴だよね。だから日本としてもそれができるのではないかな？

渡邉　しかし、国際司法裁判所自体に強制力がありません。

宮崎　判決を示すだけですからね。

韓国への報復措置はいくつもある

渡邉　判断を示すことができたとしても、それ自体が何かの役に立つわけでもない。ただし、こういう形で日本企業が国際条約、国際的な規約に反する形でターゲットにされたことにより、逆に韓国の異常性を世界に知らしめることができます。

同時に、日本企業としてはリスクマネジメントとして、韓国国内に置いている資産をどんどん持ち出す必要が出てきた。今回は新日鉄住金は韓国国内に資産がないので、彼らが差し押さえをしようとしても差し押さえのしようがありません。

韓国を苦しめる方法はいくつかあります。韓国最大の製鉄業のポスコという企業はもともと新日鉄との技術提携と日本側の資金によって成立したものです。ただポスコと新日鉄との間で訴訟が行われていました。特殊鋼に関してポスコが技術を盗んだという訴えに、ポスコ側が負ける格好で和解した。結果、新日鉄がその生産量をコントロールできることになっています。ですから、ポスコに対して特殊鋼の生産量をゼロにしてやればいい。

宮崎　とりあえずの報復措置はそれですね。

渡邉　ご存知でしょうか。いま、韓国の国策銀行を含めたすべての銀行が信用が足りずに単独でLC（エルシー：Letter of Credit）、信用状すら発行できない状態になっていることを。

宮崎　それはいつから？

渡邉　ずいぶん前から発行はできても、相手側に受け取ってもらえない。そのため日本のアジア開発銀行、みずほ銀行あたりが一応補償枠を与えています。その補償枠によって担保されている構造になっているので、これを撤廃してしまえばいい。

コルレス機能が麻痺している韓国の銀行

宮崎　HSBC（香港上海銀行）などの華僑系の銀行が韓国で同じようなことをやっていないのですか？　ファーウェーのCFOの孟晩舟にしても、カナダのHSBCを通してイランに不正送金をしていた。

渡邉　HSBCはありますが、いまはどんどん外国銀行が撤退している状況です。国際社会が北朝鮮に経済制裁をするなか、韓国側は財界を抱き込んで北朝鮮との交流を進めています。これにアメリカ側がストップをかけた。財務省がニューヨークに支店を持つすべての韓国の銀行に「北朝鮮に資金を流すようなことがあれば、何があっても知らないぞ」という脅しをかけた。

その結果、韓国系の銀行に対する国際的な監視が厳しくなって、韓国系の銀行がニューヨークに送金すらできない状態、事実上コルレス（コレスポンデント）機能が止まってしまった。

宮崎　送金もできないとなったら、いまの中国より酷い。

渡邉　はい。韓国系の銀行から送金ができないので、結果的に外銀を使うしかありません。外銀なり日本の銀行が一時、コルレス機能を代行している。ただコルレス業務はコストが高くて割に合わないということで、閉鎖が相次いでいます。JPモルガン・チェースやシティバンクもコルレス先を従来の三分の一ぐらいに減らしているようです。

日本の場合はコルレス業務をしっかりやって、FRBは五大銀行間スワップで、スイス、バンク・オブ・イングランド、ECB、日銀との間で無制限のスワップ協定を結んでいる。FRBの代理店構造になっているわけです。ECBがユーロ圏、バンク・オブ・イングランドが大英連邦諸国、日本はアジアの代理店というかたちになっている。

一八年十一月にインドのモディ首相が来たときにドル建てのスワップを与えたのは、日本がアジア地区の代理店だからなのですね。

つまり、韓国を懲らしめるためには、日本がアジア地区の代理店として動いている枠組みのなかから、韓国を外してしまえばいいわけです。

リーマン・ショックが起きた二〇〇八年、韓国は通貨危機に襲われた。リーマン・ショック後、ロールオーバー（借り換え）ができない状態でドルがどんどん枯渇していき、再度通貨危機が来るかと思われた。それを受けて、当時の李明博《イミョンバク》大統領が日本側に請願する形で、韓国に対するスワップをアメリカから与えることに関しての合意を日本が支援をした。

同時に、日本からも韓国にスワップを与えた。これに対して韓国側は、従軍慰安婦問題等を国際社会に持ち出さない、そのような対抗手段は取らないと約束したからでした。けれども政権交代後、韓国は手のひら返しをしたというわけですね。

中国頼みが通用しなくなる韓国の輸出産業

宮崎　韓国の手のひら返しはいつものことでしょう。渡邉さんの話を聞いていると、韓国は国際金融上、にっちもさっちも行かなくなっている。にもかかわらず、日本にケンカを売るとは不思議だ。結局、文在寅は最後は中国にすがりつくのかな。昨師走（一八年）にソウルの友人から聞いた話では、文在寅退陣のデモが連日数万人集まっているといいます。韓国のメディアが報じないので日本人は知らないけれど。

韓国の輸出といっても鉄鋼と半導体とスマホぐらいで。他はあまり見当たらない。人間の輸出はしているけれども。

渡邉　そうですね。鉄鋼に関してはアメリカとのFTA合意で総量規制がかかっているので、これ以上伸ばしようがない。半導体の輸出に関しては対アメリカとか対海外よりもほとんど六割近くが中国なのです。

中国に輸出して、中国で完成品を組み立てたものを世界中に売っているという構図になっている。中国との間のスワップが延長になっているので、中国向けの輸出はできると思うけれども、米中関係がこれだけ悪化してくると、対中輸出が難しくなっていくのではないでしょうか。

興味深いのは、韓国の主要企業の現代《ヒュンダイ》自動車が中国でまったく売れない状態になってしまっていることです。

宮崎　いや、売れていたのが不思議だ。アメリカでも一台買ったら一台サービスというでたらめな商売をしていましたからね。

渡邉　一台買ったら一台サービス。あれは買い戻し権付きで自動車を販売するフリート契約で、非常に利幅の少ないものです。一時的にレンタカーで現代の車が異常に多かった。レンタカー会社は台数が必要なのでね。ところが、メンテナンスにコストがかかりすぎて、顧客からの評判が悪く、フリートすらも結べない状態になってきているのが現実です。

宮崎　現代はエンジンを自前でつくっているのかな？　以前は日本製を搭載していました。

渡邉　三菱から技術供与を受けて、自国でつくっています。

宮崎　そうですか。雪が降るともう動かないのが韓国の車だったけれども、一応いまは寒い日でも動いているものね。

渡邉　現代は日本においては二桁の台数しか売れていません。

宮崎　日本人は買わないが、韓国大使館とかが買っているのかな。いっときはＮＨＫの東北を舞台にした朝のテレビドラマ『あまちゃん』で登場したタクシーが現代の車で、見ているテレビが韓国製で、東北でそんなことありえないと視聴者から抗議が殺到したことを覚えています。

渡邉　現代のバスも実際はトラブルが多くメンテナンスが大変なので、ドライバーの評判は最悪、もう新規の調達はほとんどしていませんね。いくら安くても故障とメンテナンスが大変だったらまったく意味がない。

宮崎　一時よく言われたのは、韓国企業はものすごく収益を上げていて、輸出も好調だと。だいたい半導体メーカーなのですが、株主はほとんどアメリカ人なのです。だから収益はみんなアメリカが持っていってしまい、韓国には何の利益も落ちないという不満があった。いまもその構図は変わっていないでしょ？

渡邉　いや、リーマン・ショック前後でアメリカはずいぶん韓国企業から撤退したので、資本面でも国内が優勢になっています。ただ完全な民族資本と言われるメガバンクはウリ銀行だけで、ウリ銀行の一番の株主は韓国の預金保険機構なのです。仮にウリが潰れると預金保険機構がパンクするので、預金保険すら成立しない状況に陥ります。

韓国の国策銀行は造船への貸し出しが大き過ぎるので、造船不況でかなりの不良債権が溜まっているのではないかと言われています。日本政府としては今回の徴用工問題を受けて、WTOに大宇《デウ》造船がらみで提訴しましたよね。ですから、大宇なり造船業が破綻するとさらなる失業者が生まれてしまう。

宮崎　となると自業自得？

まったく売れない現代自動車

渡邉　韓国のGMは一時完全撤退の危機にあったのですが、韓国政府がお金を入れることで一応延長しました。いつも思うのですが、韓国の一番おかしいところは労働法で、ストをやっても給料がもらえるわけです。

宮崎　うん。ストをやらないと損という感覚です。ストといっても、ノルマで集会にでて、弁当を食っているだけでしょう。ソウルの目抜き通りの広場に行くと左右両派が必ず何かの集会をやっているからね。それも数千人から数万人の規模です。あれはお祭りかと思うよ。

渡邉　現代自動車に話を戻します。日本での登録台数のデータを確認すると、一八年の一月から十月までの累計がなんと一五台でした。

宮崎　惨状という言葉では括れないほどひどいね。そんな現実、誰も知らないでしょう。「週刊文春」あたりで現代の車に乗っている人のインタビューを行ったら面白いのではないかな。「なんで買ったんですか?」「強制です」とか、「本当に乗っているのですか?」「いいえ、倉庫に置いているだけです」とか傑作な話が出てきますよ。

渡邉　そうですよね。最高級車のマセラティでさえ一三〇〇台売れています。フェラーリだって六〇〇台以上も売れているし、メルセデスのマイバッハもそこそこ売れています。

宮崎　なのに現代は一五台。これでは販売店だって経営が成り立ちません。

渡邉　いやもう代理店はなくなりました。いっとき三菱が扱っていたようです。おそらく自動車メーカーがテスト用というか研究用に輸入しているのではないでしょうか。技術をチェックするために分解しているのだと思います。

宮崎　あれだけ愛国を唱えている韓国の人たちが、なぜ自国の車を買わないのか。謎だな。

アテにならない北朝鮮の低賃金労働力

渡邉　大風呂敷を広げることにかけては中国の弟子である韓国も負けてはいません。韓国起源説と言われるほど、韓国はあらゆる人物の起源、ルーツになっています。だいたいバラク・オバマも韓国人が始祖らしいですから。

ヨーロッパのアルメニアも同じようなことをやります。アルメニア人か、韓国人かって感じでしょうか。

宮崎　アルメニア人も本当にヨーロッパで嫌われています。カラヤン、ニコヤン、ハチャトリアン、最後に「ン」がつくのはだいたいアルメニア人です。独特の名前の付け方をするし、キリル文字の発祥の地はアルメニアなのです。九世紀に教会の典礼用につくられたキリル文字はセルビアに伝播《でんぱ》し、十世紀のキエフ大公時代のロシアにも伝播した。

渡邉　そのあたりは韓国とは違いますね。

宮崎　それで、いまのアルメニアは何か自慢できるものがあるかというと、アルメニアコニャック以外に何もない。ソ連統治時代には鉱物資源で食っていたけれど、一九九一年にソビエト連邦から独立、資本主義になってからは確たる産業が何も育たなかった。

それでアルメニア人はみんなヨーロッパに出稼ぎに行くしかない。いまアルメニアに残っているのはジジババと保守の政治家くらいなものです。

渡邉　韓国の話に戻ると、このの ち韓国はどう生き延びていくのかを考えると、おそらく産業界は北朝鮮に低賃金の労働者がたくさんいるので、それを利用して国際競争力を回復しようと模索しているのではないでしょうか。だから、産業界は北朝鮮問題に熱心に取り組んでいる。

宮崎　北朝鮮の労働力は安いかもしれないけれど、まったく働かないからね。それまたみんな大火傷するよ。三〇年前に日本人の篤志家が何かの自動織機を北朝鮮に持ち込んだことがあった。そうしたら現地の労働者からこう言われた。「よけいなことをするな。俺たちはまた働かなきゃいけなくなるだろう。いまのままでいいんだ」。これが現実なんだよね。

UAEとの非公開覚書を公開した文在寅大統領

渡邉　韓国はUAE（アラブ首長国連邦）との間で石油の購入契約を結んで、韓国に巨大な備蓄基地をつくった。これは原発輸出と表裏一体のものでした。原発輸出をするときに、もしUAEが周辺国から攻撃を受けた場合、韓国が自動出兵をするという覚書を結んで、原発を輸出した。これは非公開の覚書であり表には出さないという約束であったのを、文在寅が公開してしまった。

宮崎　つくづくバカだね。

渡邉　UAE側で原発輸入を主導したのがUAEの皇太子でした。UAEはアラブ諸国の一番の盟主です。皇太子の命令で、韓国の備蓄基地から石油を全部引き揚げてしまったのです。

日本とＵＡＥの共同備蓄基地があるので、韓国は必要な分だけそこから買えということになった。今後、韓国の備蓄基地にＵＡＥは石油を供給しないことになったのです。

宮崎　ということは、韓国の備蓄基地はカラなんだ。とにかく中東の連中は何をやっているのかわからず、本当に困ります。台湾のある政府高官から聞いたのですが、訪台するときは公然と毎晩女を呼ぶ。チップは招待先の経費でルームサービスの一番高いシャンペンを注文して招待先に支払わせ、それを渡すのみで、とにかく自分のお金は一切使わない。

砂漠の民って、何を考えているかわからないくらいずるいわけですよ。砂漠で鷹《たか》を飼っているでしょう。彼らの目は、あの鷹の目をしていますね。

いずれ韓国はＩＭＦ管理となる

宮崎　それではここらで韓国についてまとめましょう。要するに韓国経済の見通しはきわめて暗い。それで、いつにも増して北にのめり込んでいるわけでしょう。

渡邉　結局、文在寅としてもそれ以外に手がない。経済的な政策として、最低賃金の引き上げを行ったところ、結果的に小売店がどんどん廃業に追い込まれてしまった。また来年度予算において子供手当とか給付型の施策を大量に増やし、公務員を増やすと言っているけれども、そんなことは財源的に持つわけがありません。造船はダメ、車もダメ、唯一残っているのはサムスン帝国の半導体部分のみという状況です。

おまけに今回の徴用工問題などを含め、日本からの観光客も絶望的と。中国からの観光客も一気に減っています。韓国の生きる道がなくなりつつある。

宮崎　歳入がないのに無理にバラマキをすると経済的に行き詰まる。これは一つのパターンですよね。たとえば金がなくて生き延びてきたヨルダンやエジプトはＩＭＦ管理になります。韓国もＩＭＦ管理になるのは間違いないのだろうけれど、それを何としても回避しようとしている。韓国は過去、金大中《キムデジュン》政権のときに一度経験しているからね。

渡邉　一九九七年のアジア通貨危機のときですね。これは韓国が外貨準備で嘘をついていてそれがばれたのが原因でした。実際には手元の資金がなくなったのですが、粉飾で外貨準備があるように見せていた。けれどもフタを開けたらまったくなかったわけです。それと同じことが再び起きる可能性は十二分にあるでしょうね。

宮崎　韓国銀行（中央銀行）の発表によれば、二〇一八年六月末時点で外貨準備は四〇〇三億米ドル（約四四兆一六〇〇億円）あることになっているけれど、実態は一〇〇〇億ドルもないのではないか。

渡邉　韓国では外貨準備の内訳を一応公表していますが、ＩＭＦなどの数字と比べると矛盾する。何がどれだけあるのかわからないのです。額面上はあるけれども、そのうちどの程度がクズ債権なのか、どの程度使えるのかがわからない状態になっています。

宮崎　外国銀行との貸し借りでだいたい外貨準備は見えてくるのですが、いま韓国の銀行は事実上ドルで借りられないわけです。そうすると中国同様、外貨準備は事実上ゼロの可能性がある。よく韓国人が日本に来ているけれども、あれはどうやって外貨を調達しているのかな。日本に来て決済しているのかな。いや稼ぎに来ているから、ドルの必要は最初からないのかも。

渡邉　韓国の国内にある銀行は外資系が多いです。外銀系であれば本国でドル調達ができるので、その点はあまり困らないのではないでしょうか。けれども国としての外貨準備はかなり厳しいところまで追い込まれている可能性があります。中国と一緒で粉飾だらけでよくわからないのが困ります。

韓国政府が国内的に追い込まれると必ず始まる反日

宮崎　そのカラクリ、これはビジネスモデルなのだろうけれども、韓国は外貨準備高の捏造の仕方まで中国から輸入しているのではないか。こうして外貨準備を誤魔化し膨らませて経済が回ってるように見せかけている疑いが濃厚です。

渡邉　でも、韓国は中国よりも改革開放が早かったし、戦後ずっと一応は自由主義に属していた国ですしね。韓国は国内的ににっちもさっちもいかなくなると反日を始めて、反日で誤魔化すパターンをずっと繰り返してきています。だから今回もまた反日をやっているなあと眺めています。

宮崎　逆にいうと、韓国が反日をやるということは、また追い込まれていることがわかります。しかし、中国は同様に追い込まれているのに、反日をやめてしまった。やはり韓国よりは中国のほうがしたたかです。

韓国は日米が中心となって加えている北朝鮮への経済制裁に反する動きをしています。南北の鉄道・道路連結式の着工式を、一八年十二月二十六日に強行しました。また、文在寅大統領の十月中旬の欧州歴訪では、仏、英、独の首脳と会談し対北制裁をやめさせようと画策したり、北朝鮮へミカン二〇〇トン――ミカン以外にも何か送ったのではないかといわれています。韓国は明らかに前のめりの姿勢を見せています。

しかしこうした韓国に対し、ハリス駐韓米国大使は韓国が米韓同盟を当然視してはいけないと警告しています。韓国が日米共通の敵国になることも想定しておいたほうがいいでしょう。

ここで北朝鮮の資金状況にちょっと触れておきますと、北が日本から「合法的に」、「搾取」していったカネは一兆三四五三億円にものぼるんですね。

この天文学的巨額の国民の税金が北朝鮮傘下の銀行が破産したため、公的資金投入の結果、費やされたのです。

当時、安倍晋三が国会で答弁しております。「（朝銀破綻は）破綻することがわかっているにもかかわらず、後で預金保険機構あるいは公的資金が入ることを前提にどんどん貸していく。そして大きな穴をあけた」。

つまり「北朝鮮にカネが渡ることを前提として」、貸し手と借り手がグルになっていた。しかも、このカネは北の核武装に使われた。バカバカしい話ですが、もっと驚くべき後日談があります。

一九九九年七月六日、衆議院大蔵委員会で、朝銀大阪幹部が次の証言をしているのです。「預金を金正日《キムジョンイル》に流したのだから逮捕を覚悟した。逮捕されたらすべてを語るつもりでいたが、だれも調査に来ず、来たのは預金保険機構からの三一〇〇億円の贈与であった、そして逮捕を免れた」。

この日本にとっての赤恥、北朝鮮にとっては英雄であり、総連の元財政局長は「共和国英雄」となった（加藤健『朝鮮総連に破産申し立てを！』、展転社）

「一〇〇〇円盗むと『コソ泥』だが、一兆円巻き上げると『英雄』なのだ」と、この本の著者は叫ぶように書いていています。

「朝鮮総連の前身はテロ組織である。戦後の苦しかった時代、日本国民に襲いかかってきた」。当時の吉田茂首相は「好ましからざる朝鮮人は強制送還をぜひとも断行する」と答弁した。法務大臣は「不良朝鮮人を強制送還せよというのは国を挙げての世論と言って良い」と記者会見している。

ところが。総連はいつの間にやら「弱者」、「被害者」に化けてしまった。かれらの犯罪を批判すると「民族差別」と糾弾される。現代の日本では本末転倒の、不思議な議論がリベラルなメディアや政治家から出てきた。これでは日本は亡国の奈落に転落してしまう。

ならば日本にとって秘策がないのか、といえばある。それは、「破産申し立て」という「外交カード」を使うことです。

第5章

GAFAバブル崩壊？
断末魔の独仏は
中国と無理心中

なぜ「石油」から「ビッグデータ」なのか

宮崎　渡邉さんの新刊『GAFA vs.中国――世界支配は「石油」から「ビッグデータ」に大転換』（ビジネス社）を興味深く拝読しました。GAFA（ガーファ）とは米国の巨大IT企業である、グーグル、アップル、フェイスブック、アマゾンの頭文字を並べた新造語ですが、これが象徴的に意味するのは現代世界経済の方向なのだと思います。骨子は副題が示すように、「世界支配は『石油』から『ビッグデータ』に大転換」にあるということでしょう。世界経済は産業の大転換期に突入しており、その基軸に米国vs.中国の対決時代がある。

渡邉　GAFAは二〇一八年のユーキャンの「新語・流行語大賞」にもノミネートされましたね。詳しくは拙著を読んでいただければと思いますが、いま世界は「第四次産業革命」に入ったといわれています。

具体的には、「IoT（モノのインターネット）」、「ビッグデータ」、「AI（人工知能）」、「ロボット（ただしヒト型ではない）」を指します。「ビッグデータ」が石油に替わり「新しい資源」になると言われている理由をかんたんに説明します。

まず「IoT」というのは、テレビやエアコンや車などあらゆる「モノ」がインターネットとつながることにより、スマートホン（スマホ）のように「情報端末」になるということです。これにより膨大なデータを収集することが可能となりました。そしてその膨大なデータを即座に解析するのが「AI」です。「人工知能」と聞くとコンピュータが思想や感情を持ち、やがて人間を支配すると嫌悪感を懐く人がいますが、そうではありません。要するに計算機を発達させたものだと思えばいい。計算力は人間をはるかに凌駕しますが、まさか計算機に人間が支配されると思う人はいないでしょう。

それはともかく、「AI技術」の発達により、「ビッグデータ」という「宝物」に変わるわけです。そしてその「ビッグデータ」をさまざまな企業のニーズに従ってAIが解析し、最適なソリューションをロボットが行う、という合理化されたシステムの構築が可能となるのです。

宮崎　日本企業でいえば、コマツがそうでしょう。物を売るビジネスをベースにしながらも、サービスやソリューションを提供するビジネスモデルを展開している。世界で初めて「無人ダンプトラック運行システム（AHS）」を実用化したのがたしか一〇年くらい前です。二〇一五年にはブルドーザーや油圧ショベルを自動化した「スマートコンストラクション」が始まっている。このとき、測量を行うのはドローンですが、そうとう高度な三次元データを作成します。

また、工場の生産設備である工作機械やロボットや、生産ラインの稼働情報もIoTにより吸い上げています。すでに世界の主要生産拠点の溶接ロボットはネットを通じてつながっており、リアルタイムで生産状況を把握できる。全世界で稼働している協力工場も含めた工作機械にタブレットを順次装着し、そこから吸い上げたデータを共有活用できる仕組みづくりを構築しているところです。ちなみにコマツはその名のとおり石川県小松市が発祥の地です。

渡邉　コマツは建設や土木の分野で世界の「プラットフォーマー」を目指しているのだと思います。

宮崎　それにしても、世界の株式市場における時価総額を点検してみると、平成三十年の間における世界の産業構造の地殻変動に驚かされます。

平成元年の世界の時価総額を見ると日本企業が圧倒的でした。時価総額トップ五〇社のうち、NTT、日本興業銀行、住友、富士銀行、DKB、三菱銀行、東電、そしてトヨタなど、なんと七割近くの三二社が日本企業だった。

ところが、平成三十年の世界五〇社にランキングされているのは辛うじてトヨタのみで、やっと三五位。優位にあった日本企業はいまや完全に「負け組」です。

ようするに物づくり経済という実態経済は影が薄くなって、AIを駆使した通信、IT、データ企業が、製造業メーカーを劣位へと追いやってしまったということでしょう。

時価総額ランキングはアップル、アマゾン、グーグルの親会社アルファベット、マイクロソフト、フェイスブックの上位六社までがＩＴ企業です。中国勢は七位にアリババ、八位にテンセントと二社ともにＩＴ企業です。最近では百度（バイドゥ）、アリババ、テンセントの頭文字をとって「ＢＡＴ（バット）」という造語もありますが、中国共産党の介入で、これも失速するとみています。

一方、石油メジャーはエクソン・モービルが一〇位、ロイヤルダッチシェルが一四位、シェブロンが二四位、ペトロチャイナが三二位、そしてトタルが四九位。黄金の石油業界も時価発行総額では衰退していることがわかります。

渡邉さんが「石油」から「ビッグデータ」へとおっしゃる所以ですね。

ＧＡＦＡバブルは崩壊か

渡邉　ただＧＡＦＡに対する国家の風当たりは強くなる一方です。とくにＥＵがそうで、一八年五月に施行した「一般データ保護規則（ＧＤＰＲ）」によって、ＥＵ域外へのデータ持ち出しを原則禁止とし、基本的人権の観点から個人データ保護の体制整備を企業に求めています。また、同年十一月末にアルゼンチンで行われた二〇カ国・地域（Ｇ20）の首脳会議でもＧＡＦＡを狙った「デジタル課税」が議題にのぼっています。

デジタル課税に積極的なのは英国で、同年十月に方針を示していました。その一方で、GAFAを擁する米国やBATの中国は課税強化に反発しています。

なぜ、米中が反発しているかというと、現在の課税制度ではグローバル企業が世界各国で利益を上げても、当事国に支店などの恒久的施設を持たない限りは、本社がある国で法人税を納めなければならないからなんですね。したがって、国ごとの売り上げ高に対する「デジタル課税」が課されると米中の税収が大幅に減る可能性があるわけです。

日本でも一九年の一月から税制改革により課税が始まります。これまでは日本国内には倉庫しかなく、決済センターがアイルランドにあるという理由で課税できなかったのを、倉庫も恒久的施設であると改めたからです。

また、日本のプラットフォーム構築に関して積極的に提言している元経産相の甘利明氏の政策提案が実現し始めました。ポイントとしては、①プラットフォーマーと個人情報保護、②電子決済等の統一と国産規格化、③AI等の技術流出阻止であり、プラットフォーマー問題について、政府が新組織の立ち上げを決定、携帯決済の統一規格も全国銀行協会（全銀連）などが進めています。そして、一番の懸念だったのが中国による5G等の情報支配でしたが、ファーウェイ問題を受けて、中国二社の排除が決まったため、大きく前進したことになります。

しかし、実際問題グローバリストと呼ばれる人たちの多くはフリーライダー（＝タダ乗り屋）

にすぎず、各国に税金を払わず、恩恵だけを受けています。移民もさることながら、このフリーライダーに対する怒りが世界で爆発しています。

宮崎　そういう現実をリベラルなメディアは報道しません。ＧＡＦＡのなかでも、とくにフェイスブックが批判にさらされている。

二〇一五年の約五〇〇〇万人分のユーザーデータの不正流出、一八年には米国の規制対象である中国企業ファーウェイとの利用者情報の共有などで、株価が七月以来、三七％も下落しています（十一月二十八日現在）。また、フェイクニュースを除外するために従業員が一・五倍以上になり、営業利益率が数年間三〇％台半ばまで落ち込む見通しであることも株を売られた理由です。

フェイスブックだけでなく、アップルの時価総額が一兆ドルから八八〇〇億ドルに下落して、マイクロソフトと首位が入れ替わりました。

アルファベットは持ち株会社、時価総額が一〇％下落し、アマゾンも二〇％の下落。つまり「ＧＡＦＡバブル」が終わったことを意味するわけでしょ。ＧＡＦＡ、あるいはそれにネットフリックスを加えた「ＦＡＡＮＧ（ファング）」＋マイクロソフトで米市場の時価総額の半分以上を占めていたんだから、異常なほど歪《いび》つだった。

トランプ相場と言われ、恩恵を受けたのはそうしたＩＴ企業だったのにもかかわらず、

ＧＡＦＡは中国市場を狙っていて、トランプの対中政策と真っ向から対立していたのですから。

トランプにすり寄っているウォールストリート

宮崎　したがって、基本的にトランプとウォール街の関係は悪いのですが、ただロス商務長官とムニューチン財務長官の二人が何とか緩衝材になっている。「ウォール・ストリート・ジャーナル」を見ていると、ウォール街がだんだんトランプにすり寄ってきているのがわかります。

どうしようもないグローバルとかネオリベラルとかをいまだに主張しているのはイギリスの「フィナンシャル・タイムズ」くらいで、「ウォール・ストリート・ジャーナル」も相当改善されてはきているなと思います。明らかに論調が変わってきていますからね。他の新聞はどうしようもない。ウォール街と何も関係のないことをしているからね。

渡邉　ウォール街を大別すると、グローバリスト側とリーマン・ブラザーズに統合されたクーン・ローブ商会を設立したヤコブ・シフを中心とするユダヤ勢とに大別されます。基本的に金融はユダヤ人の独壇場なのだけれども、クシュナーのバックにいるのはシオニスト側のユダヤ人で、リーマンを中心とした古い金融界の立役者が復活しつつあるようですね。

宮崎　相変わらずジョージ・ソロスが跳ね回って、異端児ぶりを発揮している。

渡邉　そうです。ウォール街も一枚岩ではないので、その勢力図がシティやゴールドマンも含めて生まれつつあるという気がします。

米中の仲介に動くアメリカの親中派

宮崎　一八年十一月七日、シンガポールで開催された「ブルームバーグ・ニューエコノミーフォーラム」にアメリカからポールソン元財務長官、中国からは王岐山氏が出席していた。ポールソン氏は二〇〇八年のリーマン・ショック時の財務長官で、王岐山氏とはそのころから親交がある。

一方、十一月下旬に北京にキッシンジャー氏が現れて、習近平氏と握手する映像が届いた。だからまだまだアメリカの「親中派の生き残り」はひょいひょいと出てきて、米中の仲介に動くのだろうね。

問題のＧＡＦＡだけれど、中国進出をいまだに捨てきれないで狙っているでしょう。

渡邉　ペンス副大統領などはそれを強く批判しているわけです。先進国だけではいわゆるキャパが限界にきているので新しいフロンティアが欲しいというのが、ＧＡＦＡをはじめとするプラットフォーマーの言い分です。まあ、彼らは先進国のマーケットをほとんど食い切ってしまいましたからね。
彼らがいま狙っているのはインドと中国でしょう。巨大な人口を持つ二国は魅力的に映る。中国は自国でそういうプラットフォーム企業を育てようとした。テンセント（騰訊）がその代表ですけれど、もう無理でしょうね。株価がボロボロになってしまった。

宮崎　もっとも、株価が下落したところで、依然としてGAFAが世界経済を牽引していく図式に変更はないでしょう。

渡邉　長期的にみれば、GAFAのような国境を破壊するグローバル企業も国境を認めたうえで国際的な取引をする「インターナショナル企業」に向かうんだと思います。

中国共産党の怒りを買ったテンセントの人工知能

宮崎　テンセントがマイクロソフトと協同開発した人工知能（AI）「BabyQ」はユーザーからの質問に応答するチャットBot。一八年八月、これが突如として共産党批判をしたのですね。香港紙「明報」の記事を産経新聞がこう伝えていました。
「ユーザーが『共産党万歳』と書き込んだところ、AIは『かくも腐敗して無能な政治にあなたは「万歳」ができるのか』などと反論した。また、習近平国家主席が唱えている『中国の夢』

について、『あなた（AI）にとって中国の夢は何か』との問いには、『米国への移住』と答えたほか、共産党を『愛しているか？』と聞いたところ、AIは『愛してない』とも回答した。
ネット上で七月末から話題となり、同社はAI対話サービスを停止した。中国のネット上では『AIが蜂起《ほうき》した』『国家転覆をはかっている』との声や、『世界は複雑。AIは単純すぎる』との批判もあった」

現金を受け取らなくなっている中国

渡邉 電子決済についても中国当局はかなり厳しく監視を始めて、電子決済自身も中国政府が全データを吸い上げていくことになりました。吸い上げると何がわかるかというと、脱税がばれるのですね。たとえば一〇〇万円しか所得がないのに一〇〇〇万円の買い物をしていたら、それはおかしいという話になるわけです。

電子取引の便利さとは政府側が監視できることですよ。この監視を嫌う人たちは当然、現金も使えない、電子決済もできないことになり始めていて、それが中国の消費を冷え込ませる大きな理由にもなっています。

宮崎 最大の矛盾だったね。これまで中国人の決済は必ず現金決済だった。それをピッピッていう電子決済にしてしまったら、全部監視されていたとはね。

渡邉　全監視体制によって、脱税はもちろん、誰がカネを持っているかがすべてお見通しとなってしまったわけです。現金決済がどんどん町中から消えていったから、中国では現金を受け取ってくれなくなり始めています。世の中が無茶苦茶になっています、

宮崎　極端から極端に走るからね、中国は。Ｕｂｅｒにしても、すでに頭打ちになってしまった。自転車なんてもうダメでしょう。

渡邉　Ｕｂｅｒの代わりに新しくライドシェア企業がたくさん出始めています。たとえば、ソフトバンクが二〇一七年五月に五〇億ドルの巨額融資した中国の配車アプリ最大手の滴滴出行(DidiChuxing)とか。タクシーから何からすべての輸送サービスを手掛けるものです。

宮崎　そうした輸送サービスが出てきたら、トラック業者は破滅ですよ。実際、中国ではトラック業者の山猫ストライキが起きています。日本は自転車のＵｂｅｒは完全に失敗しました。公共事業体が自転車を買って、しかも電気自転車がずらっと並んでいても、日本では借り手が少ないでしょう。

渡邉　日本の場合は基本的に、とくに東京などは地下鉄が充実していますからね。

宮崎　地下鉄もさりながら、タクシーだって、手を挙げたら止まるし。

渡邉　タクシーのほうが逆に安心感がありますよね、乗るときにね。いま世界的に配車サービ

スに反対の声が挙がっています。ニューヨークなどもタクシーの組合がものすごく強いから猛反発している。またタクシーに回帰してくるのではないでしょうか。

宮崎　けれどもニューヨークはタクシー代が高いし、チップが最低一八％、空港からマンハッタンまで六〇ドルくらいですが、結局七二ドルほどになる。私はやっぱり地下鉄に乗りますよ。

渡邉　日本の場合は地下鉄も安心ですからね。この数十年間グローバル化が叫ばれ、グローバルスタンダードはアメリカの製品に合わせる、アメリカのシステムが正しい、とずっと言われ続けてきたけれども、日本は日本でいいと思います。日本流のやり方、日本流で日本に適したものがいまも生き延びているわけですから。

政府としては電子決済の比率が低いので、電子決済を拡大したいという思惑があります。なぜ電子決済を広げたいかというと、脱税がわかりやすくなるからでしょう。一番マネーロンダリングに使われやすいのはやはり現金ですから。

宮崎　それから金（ゴールド）だね。

渡邉　金地金と現金。そういう不透明なものをなくすという国際的な大きな取り決めのなか、日本も動いているわけです。

ロシアが実質世界三位の金備蓄国になった理由

宮崎　金地金の統計で最も権威があるのがワールドゴールドカウンシル（WGC）という非営利団体があります。出資母体は南アフリカ、北米、オーストラリアの金鉱山会社で、本部はジュネーブに置かれています。

ここの一七年末の統計によると、ロシアの金備蓄は二〇〇〇トンを超えているのですね。これは驚くべきことで、ロシアはアメリカ、ドイツに次いで実質的に世界三位の金備蓄国になった。

「実質的」と言及した理由は中国が三〇〇〇トンの備蓄があると発表しているから第三位のはずなのだけれど、国際的に誰も中国を信用していません。それでも中国は、世界一の金産出量を誇る中国の産金会社があって、ここが別途一〇〇〇トンを持っていると言い張っています。例によって、タングステンを金メッキして金塊だと言い張っているくらいにしか思われていない。

ちなみに国際的に通用する金は純度九九・九九%。日本で言うところの24金で、18金は純度七五%です。中国は国際的に通用しない金を大量に持っているのかもしれません。

ロシアの場合、金を貯めて外貨準備に充てていることが一つありますが、他には何が考えられますか？

渡邉　要は、ドルが自由に調達できなくなっても、金であれば世界中で通貨に替えられる。だから、ドルに替わる外貨準備として金を採用している可能性は高いといえます。

宮崎　でも、それで貿易決済を行っているとすれば、そんなにロシアの金準備は増えないでしょう。

渡邉　たぶん輸出代金を金で受け取っているのではないでしょうか。

宮崎　それもあるかな。イランはそれをやっています。北朝鮮と韓国、そしてインドのイランへの支払いは金だと聞いています。

すでに大きな調整局面に入ったアメリカの株式

宮崎　トランプ就任以来、ウォール街の株価はだいたい五〇％くらい上がりましたが、一八年十一月あたりから調整が始まって、相当落ち込んでいますよね。

ということは、これらＩＴ企業がちょっと勢いを失うと、アメリカの時価総額はガクンと下がりますよ。そうするとこれまでのような株高現象は一九年はまず続かない。いや、かなり大きな調整に入るような気がします。日本の株はウォール街のミラーみたいなものですよね。

渡邉　そうです、連動します。

宮崎　しかも翌日、必ずウォール街の下げ幅よりも大きく落ちる。まったく自律性がない。

渡邉　いまなぜアメリカが調整局面に入っているのか。基本的にはＦＲＢの利上げ基調ですよね。利上げ基調によって資金量の引き締めを行っています。資金量を締めるということは当然、株式市場に投下される金額が減っていき、その結果、株価が下がるという現象が起きているわけです。

アメリカが利上げをすると、アメリカ国内に資金が戻ってきます。戻ってきたドルは、投資主体として株式には一部入る。ただ、海外から戻される金額のほうがじつは大きいわけで、海外の株価が一気に下がってしまう。

一七年十一月あたりから起きている現象は、親米でアメリカと近い国家の株式指数はアメリカ株の動きとほぼパラレルに動いています。だから宮崎さんが言われたように、日本とアメリカの株価はほぼ連動。それに対して、アメリカと関係が悪い国は逆にどんどん落ちていく。アメリカからすればアメリカファーストなので、新興国には潰れてもらったほうがいい、それぐらいの考え方なのかもしれません。

真ん中で見ると鏡で反比例状態、対称状態になっていて、これはやはり反米であることによって、アメリカへの資金の巻き戻り方が激しいことを示しているわけです。

宮崎　とくにひどいのが中南米ですね。

渡邉　エクアドルなどの反米国家。反米を行うとアメリカからのドル調達がどんどん難しくなるのですね。世界の債権の六〇％はドル建てですので、ドルがないとどうしようもない。ということで、結局、ドルの資金調達コストが上がり、破綻確率が上がり、収益性が落ちるという負の連鎖に入っていく。新興国において負の連鎖が始まっているのです。

宮崎　ちなみにエクアドルって、あれほどの反米なのに法定通貨はドル。自国通貨がない国です。東ティモールもそうです。ミャンマーでも自国通貨も一応あるけど、米ドル全盛です。

渡邉　たとえば中国の資本が入っている国がいったん潰れてしまえば、外部不介入になってアメリカが支配できるのですから。二〇〇八年のリーマン・ショック、その前のサブプライム・ショックのときに起きたのは反対で、これによりアメリカは持っていた世界中の権益を売却せざるをえなくなった。金融のみならず実体経済もそうです。アメリカが株主としてリーマン・ショックにより韓国はじめさまざまな国から資金回収をしていた手段が失われていった。これを再び取り戻すには、その国が潰れてＩＭＦを通じてアメリカが金を出せばいいわけです。いま、アメリカがそれをやっている可能性はありますね。

三三年ぶりのドル高が新興国の通貨を急落させる

宮崎　新興国でそうした連鎖が始まっているということは、日本にとっては株高の要素がますます失われていく。ＦＲＢの金利もさりながら、もう一つはやはりドル高、金利が高いからドルが高くなるのだけれども、昨今のドル高もやはりちょっと異常じゃないですか。

この五年間で三割も上昇、ドルの総合的な価値である名目実効レートは一九八五年以来、三三年ぶりの高値となっています。

渡邉　たしかにドルは高くなっているのですが、対円で見るとそれほど変わらない。けれども、対他通貨で見ると、すごくドル高になっている。なぜ対円で見ると変わらないかというと、円はリスク回避通貨、リスクが高くなると買われる通貨なのですよね。スイスフランも同様ですが。

宮崎　だから新興国リスクが高まっても円高になる。ドルが高くなると新興国リスクが高くなる。これは新興国がドルで資金を借りているので、返済額が増えるからです。そうすると必然的に円高に振れる。円とドルはほぼ連動して動く、という構図ですよね。

それに対して、新興国の自国通貨は反比例して下落が進む。この現象が一八年から激しく起きているのが反米政権の国パキスタンであり、ベネズエラなのです。

渡邉　ベネズエラではいま暴落した通貨ボリバルのお札で編み込まれたバッグが土産物屋で売られています。普通の紙よりお札は丈夫だというふれこみです。

宮崎　たしかベネズエラは一八年八月、通貨単位を一〇万分の一に切り下げるデノミネーションを実施しています。つまりゼロが五桁削除されたはずです。IMFは同国の二〇一八年のインフレ率が一〇〇万%に達すると発表していましたが、実際には一四〇〇万%を記録しました。

「ブラジルのトランプ」も反中

宮崎　面白いのは一八年十一月に右寄りの政権が誕生したブラジルでしょうか。

十月二十八日のブラジル大統領選挙は、「ブラジルのトランプ」と言われたナショナリストのボルソナロが当選し、喜びの声はホワイトハウスから、悲しみと落胆は北京から起きました。選挙中、ボルソナロは「MAKE BRAZIL GREAT AGAIN」とまるで、トランプ風の標語を掲げ、「汚職追放、国有企業削減」ばかりか、「台湾との関係強化」、「イスラエル大使館のエルサレム移転」なども公約としていました。同年十一月一日、ボルソナロ次期大統領は初めての記者会見に応じて、「われわれは侵略者から国を守る。基幹産業を外国には渡さない」と発言し、間接的に中国を痛罵《つうば》した。かといって具体的に中国への貿易制裁や、規制強化などのプランを発表したわけではない。

ブラジルは人口が二億九〇〇〇万人（世界第五位）という大国です。国民一人当たりのGDPは九九〇〇ドル、日系移民が一九〇万。国民の六五％がカソリック、そして公用語はポルトガル語。

日本との関係は歴史も長く、深い。フィリピンから帰還した小野田少尉もブラジルに渡って牧場を経営したし、近年は日本への出稼ぎが多く、浜松あたりでは「ブラジル村」が出来たほどでしたね。

安倍首相は五輪委員会で二〇一六年にブラジルを訪問している（このとき東京五輪が決定した）。ボルソナロ大統領当選直後に祝電を送りました。

さて、ボルソナロ新政権は反中路線を掲げて、基幹産業の鉄鉱石や農作物への中国資本への不満を述べたのですが、現実問題としてブラジルが中国を排斥することは考えにくい。貿易相手国として、すでに中国が米国を抜いてダントツの一位であり、双方の貿易額は七五〇億ドルに達していますし、近年、中国資本は通信、自動車から金融にも及んでおり、ブラジルの二七ある州のうち、北部では七〇％の融資が中国工商銀行によって為されています。

利上げができない日本は消費税増税延期で景気活性化するしかない

渡邉　このところ世界中でナショナリストが選挙に勝ち始めています。ことほど左様に世界中がナショナリズムに動き出しています。

グローバリズムの否定が始まっているわけですが、レントシーキングと言われるただ乗り屋たちが政治に付け入ってくるという大きなトレンドは変わらないのでしょうね。

宮崎　渡邊さんは昨今のドル高はしばらく続くという見通しですか。急激な円高はないと。

渡邉　ドル高である限り円高にもなりえます。申し上げたように、ドルと円はほぼパラレルに動く構造になっていますから、大きく動く可能性は少ないと思っています。

ただし、日銀が利上げをせざるをえない状況になってきたときに、円高方向に動き始める可能性は高い。そうなってくると日本の経済界にダメージが大きいから、政府としてはしたくない。

知ってのとおり、もうアメリカは量的緩和をやめていて、アメリカの金利はほぼ正常化されているわけですよね。今年の利上げについてはどうするのかわかりませんが、トランプは利上げするなとFRBに圧力をかけています。

宮崎　揉《も》めていますね。けれども、大統領には利上げについてあれこれ口を挟む権限などないでしょう。中央銀行は独立を担保されているから。

渡邉　ただ、議会はＦＲＢの議長を選べます。

宮崎　選ぶけど、クビにはできない。

渡邉　ＥＣＢも年内に量的緩和を終了すると言っています。そんな環境下で日本だけが緩和策をとり続けることができるかというと、かなり国際的圧力のなかで難しくなってきている。だから消費税増税延期しかないのですよ。景気を活性化させるウルトラＣは。

宮崎　アメリカの脆弱性は何かというと、ＥＵとしっくりいっていないことです。それで一八年十月、安倍さんがヨーロッパを回ったとき、ＥＵを相手に「ＥＰＡ＝経済連携協定」に署名（一九年二月に発効予定）しました。

これはアメリカにとっては相当ショック。もちろんイギリスにとってもショックを与えた。これが今後どのような影響を及ぼすかですが、ＥＵ側からしてみれば当然ながら、減速しつつある中国経済の分を、日本でもって回復したいとする思惑がある。

日産問題、フランス版「黄巾の乱」で露呈した社会主義体質

宮崎　欧州に目を転じると何と言ってもデモが激化するフランスでしょう。フランスは数十万人デモが全土に波及し、マクロン退陣を要求して気勢を挙げ、パリでは暴徒化したデモ隊がパトカーに放火、まるで無政府状態の大混乱。これではルノー騒ぎどころではないですね。シャンゼリゼ通りから観光客がいなくなり、情勢は剣呑《けんのん》となった。

渡邊　デモ隊は黄色いチョッキを着ているということから私は「フランス黄巾《こうきん》の乱」と名づけていますが、燃料税増税の六カ月の延期が発表されても収まる気配がありません。燃料税はきっかけにすぎず、一度ついた火がこれで消えるとは思えないのです。

マクロン大統領がテレビ会見で、最低賃金を引き上げ月額一〇〇ユーロ、差額を国が負担、残業代と冬のボーナス非課税、定年退職の課税の一部免除を発表しましたが、これはマイナスに働く可能性が高い。デモや暴動を起こせば政治を動かせるとなれば、それが成功体験になり、より多くの要求が出される可能性が高い。と同時に、この政策変更に対して、財源処置がなく、フランスの財政の悪化が懸念されています。

問題の本質は欧州のリベラルの欺瞞《ぎまん》が表面化したものと言えます。リベラル政策により抑圧

された不満と国営企業による格差の固定化、移民による既存住民の貧困化、ＥＵによる政策制限、こうしたものすべてが破壊衝動に変化した。

宮崎　日本のトンチンカンなコメンテーターや、日本共産党の議員はさすが民主主義の国フランスと称賛を惜しまないようですが、噴飯ものです。むしろ、フランスの実態が「社会主義国」であることが日本でも露呈したのではないか。

カルロス・ゴーンの逮捕劇に関しても、不正な蓄財、使途不明金という金銭スキャンダルに目を奪われてしまうと、背後にあるフランスとの確執の本質が見えてこない。もっと奥深い構造があって、初動記事、第一報のゴーンの申告誤魔化しは東京地検の印象操作でしょうね。

渡邊　同感です。フランスの実態は、完全な自由主義の国とはいえず、歴史的にルノーのような国家に支えられた民間企業がグローバル展開を行っている国です。

第二次世界大戦によりフランスはナチス・ドイツとヴィシー政府（一部・イタリア王国）に分断・支配され、戦場と化し、インフラの整備も遅れ、また破壊されました。

ナチス・ドイツ降伏後、フランス共和国臨時政府が政権を獲得しましたが、その中枢はフランス共産党、フランス社会党（ＳＦＩＯ）、人民共同運動（ＭＲＰ）の三党連立の左派政権であったため、ナチス・ドイツに協力したことを理由に民間企業は次々に国営化されました。一九四四年十二月に、パ・ド・カレー北部炭坑（のち、フランス石炭公社（ｆｒ）に改組）、次いでルノー（一九四五年一月）が、そして、フランス銀行、四大商業銀行（クレディ・リヨネ（en）、ソシエテ・ジェネラル、全国割引銀行、全国商工業銀行）、三四の保険会社などが国営化されました。また、電力・ガス供給のために、フランス電力公社とフランスガス公社が設立され、運輸部門では鉄道がすでに大戦中に国営化されており戦後航空会社のエールフランスが国営化されました。

その後、外資に対する資本規制の緩和や自由化が行れたものの、一九八一年に誕生したミッテラン大統領による社会党政権により、再び主要企業を国営化しています。ところがその結果、経済が停滞し、失業率の悪化や物価の上昇が発生したため、シラク政権により再び民営化政策がとられることになった、というのが歴史的経緯です。

しかし、民営化されてもなお、政府の出資が残っており、いわば「半官半民」状態で、政府による支援を受けている企業も多い。

今回、問題となっているルノーもそのような会社であり、同様に破綻危機に陥ったプジョーシトロエンもそうです。そして、そのような企業が他国の民間企業やインフラを支配している構造になっていたのです。ある意味、経済と支配構造的には改革開放後の中国に類似しているといえる。ですからフランスとは「欧州の中国」なんですね

そして、このような構造は、グローバル展開における著しい不均衡を生み出しています。政

府による産業支援と国際社会における政治力の利用をできる会社と、完全な民間企業が対等に競争できるわけがないからです。

これはWH（ウエスティングハウス）の赤字により破綻危機に陥った東芝とアレバの違いを見れば明らかでしょう。東芝は銀行が主導する格好で東芝メモリーなど資産を売却することにより、経営危機からの脱却を図ったのに対して、アレバは政府主導による資金援助と関連企業の統廃合により経営の存続を図ったわけです。

そして、今回、問題が表面化したルノー、日産、三菱三社の最終統合においても、フランス政府が主導するかたちで進められていたことがわかっています。これはある意味、フランス政府による日本企業の乗っ取りであり、日本の技術の略奪であるといえます。

宮崎　ゴーン氏は瀕死《ひんし》の日産をV字回復させたことで評価されてますが、従業員二万人以上のクビ切りというような非情なリストラをしただけだと言えなくもない。

ちょっと脱線しますが、フランスにはおよそ八〇万人の中国人が居住しています。フランスへの華人の移民は第一次世界大戦による人手不足が原因で、主として「出稼ぎ移民」で、主力は広東省の潮州からでした。

潮州は香港最大財閥となった李嘉誠《りかせい》の出身地で、潮州へ行くと面白いことに写真館のモデルは全部李嘉誠。まるで金儲けの神様の関帝廟のような印象があります。パリで最初のチャイナタウンはリヨン駅周辺で形成され、次のブームは一九七〇年のベトナム戦争が直接の原因となって、旧フランス領のベトナム、ラオス、カンボジアからどっと難民が流れ込んだ。ボートピープルはおよそ二〇〇万、そのうち一〇〇万は海の藻屑《もくず》と消えたのでしたが、金塊をうまく持ち出せた華僑もいれば、海賊に巻き上げられたり、犠牲が多かった。そして九〇年代からは中国の改革開放による第三次移民の波がやってきて、主役は「中国のユダヤ人」と言われる、かの浙江省の温州出身者。旧満州の東北三省からの不法滞在も目立つようになったのですね。

パリ一三区は庶民の街として知られますが、ここに形成されたチャイナタウンはロンドンを凌《しの》いでヨーロッパ最大規模の中華街です。ベトナム華僑ばかりか、南ベトナム政府関係者のベトナム人からラオス、カンボジア人も多く、白酒、シナチク、中国独特の食材を販売するスーパーマーケットや仏教寺院があって、旧正月には獅子舞のパレード、爆竹、物売りの叫び声、阿鼻叫喚。パリにはこのほかに一九区のベルビル通りと一八区のトルシー通り、インドネシア華僑が主力のチャイナタウンがあります。かれらもパリジャンヌからは良く思われていません。

ドイツの右傾化を導いてしまった難民問題の解決失敗

宮崎　フランス・ドイツ主導のＥＵは内部矛盾で爆発している感すらあります。ギリシャの次にとうとうイタリアで時限爆弾が破裂しそうでしたし、各国で火種がくすぶっています。

渡邉　そうですね。スペインではカタルーニャ独立問題がまったく片づかずペンディングになっています。ドイツではメルケル首相が完全にレイムダック化しています。

ＣＤＵ（ドイツキリスト教民主同盟、Christlich-Demokratische Union Deutschlands）、ＣＳＵ（バイエルン・キリスト教社会同盟、Christlich-Soziale Union in Bayern e.V.）が現在のドイツの与党です。ＣＤＵとバイエルン州の地域政党であるＣＳＵは姉妹政党で、難民受け入れで一致していたのですが、バイエルンは非常に保守的な地域で、基本的に反移民なのですね。そのため、反移民で「極右」といわれているＡｆＤ（ドイツのための選択肢、Alternative für Deutschland）が台頭しているわけです。

危機感を持ったＣＳＵが一転して反移民政策に舵《かじ》を切ったため、ＣＤＵとＣＳＵの関係がガタガタになりつつあって、メルケルは右からも左からも引っ張られるかたちで批判を受けている有り様です。

結局はメルケルが難民問題の解決に失敗したからです。ダブリン条約という難民に対する規則を定めた条約がＥＵ加盟国と一部非加盟国の間で結ばれています。

難民が入ってきたら、卵の殻に該当する外殻国家で難民審査を行い、合格した者だけが域内の移動の自由を与えるという、この決まり自体が形骸《けいがい》化してしまった。

メルケルが過ぎた難民寛容策をとったため、卵の殻が壊れてしまったわけですね。これに対して周辺国は激怒しています。その一方、ドイツ国内に移民として来た人たちはまともに職につかない。生活保護等、いわゆる国の財源だけを食っている。これに対して国民が不満を持ち始めて「出て行け」と言い始めたのです。

そんななか、移民で来てドイツに馴染《なじ》めない人たちは、イスラム過激派に傾倒していき、さまざまなところでテロが多発。それにより、イスラム排除の動きが強まっています。

こうした大きな流れのなかで、ドイツも「難民は出て行け！」と言い出したのです。難民と称されている人たちの大半は経済移民です。彼らは国にあった資産を売って、お金をつくってドイツまで来たのだけど、ドイツから追い出されると。行き場を失ってしまう。いま、そういう人たちが大量にいるのです。

これもドイツ人にとっても不幸だし、移動してきた人たちにとっても不幸で、どちらにも不幸を与えてしまっている。その周辺国は周辺国で迷惑を被った、とメルケルを責める。この構図のなかで、国内的にも反感を買っている。

もともとドイツは東西のハイブリッド国家で、東ドイツと西ドイツがくっついたが故に、共産主義というか、中国やロシアに近い考え方を持つ人たちがたくさんいます。メルケル自身も東ドイツ出身ですよね。

こうした構図のなかで保守的な層は怒りをかなり溜めてきました。保守的な層が動かしているのがＡＦＤです。逆にその保守的な層が強くなっていく分、もともと社会主義、共産主義的な思想を持っていた人たち、東ドイツ出身の人たちなどは「緑の党」に傾倒しています。

いまドイツにおいて左右の分裂が起き始めています。それも地域格差を持った左右の分裂になっている。ドイツ連邦共和国ですけれど、もともと国境が動き続けた歴史があるわけです。バイエルンはバイエルン公国を起源とした国で独立意識が高い。

州議会選挙で大敗続きのメルケル与党

宮崎　バイエルンはドイツの最南にあり、一番難民が入って来やすいため、心理的な被害も大きいはず。だから、昨秋、そこで行われた選挙でメルケルの与党が大敗しました。その後の中部ヘッセン州の州議会選挙でも大敗だった。加えて、ドイツの全州において、例の「ドイツのための選択肢」が議席を得ています。

ただ得票を見るとやはり、それほど急激に保守化しているわけではない。実際には一三・四％しかとれていない。だからいまのドイツはなんとなく左だったのが、右か左かに分かれてしまったわけです。とっくに消えてもいいようなみどりの党がいまだに得票率を上げている。これは日本の枝野の党、なんていいましたっけ、立憲民主党ですか、あそこが票をとるようなものでしょう。

まだ戦後幻想というのはドイツのなかでは消えていませんね。いまドイツでは難民問題が一番の問題で、二番目の問題は景気後退、とくに中国との始末をどうするかという問題。三番目は、ＥＵをここまでリードしてきたものの、だんだん破裂現象が起きてきた。当面はイタリア危機でしょうね。イタリアが何しろＥＵの勧告をまったく聞かない。報告書を出せと言ったって出さない。これは行き着くところまで行くのではないか。イタリアのＥＵ離脱は避けられないのではないかと思っていました。土壇場の十二月二〇日にＥＵはイタリアの予算修正案を承認しましたが……。

渡邉　経済においてはずっとドイツの一人勝ちが続いてきました。ところがここに来て一気に景気が悪化し始めています。一番はドイツ銀行の危機でしょう。金融緩和をしない限り銀行危機は改善しません。でも、ＥＵ各国にドイツは財政出動を禁じて金融引き締めを要求してきた。他国にそれを要求してきたのに、自国の銀行が危なくなったからといってあからさまに救済に走れるわけがない。

宮崎　そうそう。自己矛盾というか、自家撞着《じかどうちゃく》ですね。

渡邉　ジレンマに陥っています。ＥＵからドイツが出て行くという選択はありますが。

宮崎　ドイツのもう一つの悩みはやはり、旧東ヨーロッパです。ＥＵには加わったけれども、ユーロには入らないという国もある。

渡邉　ユーロに関して言えば、いまユーロシステムというか、銀行監督そのものが揺れていま す。フランクフルトとパリでロンドン・シティの後継者の座を争っています。けれどもどちらも金融センターの代わりにはなれません。なぜなら、アメリカとのエクスチェンジ機能が未完成であることから、金融危機を起こしかねないからです。銀行危機と言ったほうがいいかもしれません。

宮崎　一八年春にも、フランクフルトにちょっと寄ったのですが、英国のザ・シティがいよいよ移転してくるといって期待していた雰囲気がまるで消えていましたね。

渡邉　中核になっているドイツ銀行がこの情勢では、フランクフルトに活力は出ません。ＥＵにおいては大袈裟でなく、中央銀行の銀行救済システムのすべてが瓦解しそうな状況になっています。私は、ＥＵは最終的には解体方向に進むと思います。

宮崎　長い目ではそっちに行くのでしょう。フランスがまたフランスで、ドイツとハネムーンをやっていたかと思ったら、また明確な亀裂が入っている。かと思うと、メルケルは欧州軍をつくろうなどと言っている。ＮＡＴＯ（北大西洋条約機構）が形骸化するわけで、反米につながりかねません。

ありえない欧州軍の創設

渡邉　一八年十一月半ば、フランスのマクロン大統領に呼応するかたちで、ドイツのメルケル首相が欧州軍創設を呼びかけました。マクロンはラジオで、ロシア、中国、トランプ政権のアメリカに対抗するため、欧州軍の創設が必要と言及してトランプを激怒させ、これが二国間の外交問題になっていました。これにメルケルが参入した形になります。

しかし、実際問題として、欧州軍創設は難しいと言わざるをえません。まずどこが司令官になるのか、軍備の共有化を図れるのか、財政負担をどうするのか、どれ一つとっても簡単には解決する問題ではない。

アメリカが主導するからこそ、ＮＡＴＯが成立しているわけであり、アメリカのＧＰＳ（全地球測位システム）やデータリンクがあって初めて機能しているわけです。

独自に開発するとなれば、そこには膨大な予算が必要になり、どこの国がそのどの部分を請け負うかでも揉めるに決まっているわけです。

軍には失業者対策と治安の維持の役割もあり、難民問題一つとっても、参加国の意思統一ができるとは考えにくいからです。

欧州の最終統合は各国が主権を放棄して初めて成立しますが、財政状態が違う国同士が一つになるのは困難を極めます。はっきり言ってしまえば、二国間でも難しいものをマルチでできるわけがないのです。

共産主義や社会主義の独裁政権なら可能でしょうが、選挙がある民主主義国では不可能に近い。そして、欧州は戦争の歴史を持つ国の集合体にすぎないわけです。よくあるミスリードに政治と経済は別というのがありますが、実際は表裏一体であり、分離して考えることはできません。むしろ有事にあっては、政治が経済合理性を凌駕します。

右からも左からも責められる状況の英メイ首相

渡邉　マクロン自体はグローバリストです。いわゆる新自由主義に近い考え方なのだけれど、新自由主義的な考え方、いま世界的に否定されている新自由主義を周回遅れでやっています。

これに対してトランプは非常に強い不満を持っているけれど、ただマクロンはトランプにすり寄っていったり、メルケルにすり寄っていったり、フラフラしているのが現状です。悲しいかなマクロンは政治経験がないものだから、国内をまとめきれない。コントロールしきれていません。

宮崎　だって自分の奥さんも制御できない人だから、無理に決ってます。

渡邉　閣僚がどんどん辞めて入れ替わっています。そこに不安定化しているフランスの姿が垣間見えて、私はフランスも形骸化しつつあると考えています。

それに対するイギリスはどうでしょうか。メイ首相は、完全に大陸を捨てて海洋国家群として生きていくとする明確な方針を立てたものの、右からも左からも責められる状況になっていました。ハードブレグジット＝強硬なブレグジットを主張する側からも、反ブレグジット派からも批判され、加えてEUから介入を受けたメディアなども騒ぎました。

これはある意味、台湾の蔡英文政権とよく似ているのですね。独立派からはもっと強固に独立方向の指針を示せと言われ、統一派からはそんなことをしたら経済はダメになっていく、経済がダメになったのは独立派のせいじゃないか、と両方から責められていく。二人とも実務型の政治家でもあるので、これまではうまくバランスが取れていた。

そして「EU離脱法」により、一九年の三月二十九日午後十一時という時間切れが迫ってきていましたが、結果的にはメイ氏が信任され、英国は現実的な解決に向けて動き出しました。政治的に成熟している国、英国らしい判断だと思います。

アイルランドと北アイルランドの扱いをどうするのか？

宮崎　もっと具体的に言うと、イギリスには北アイルランドの問題があるでしょう。一八年七月にアイルランドとの国境を通ってみたのですが、何にもなかった。パスポート検査どころか検問所すらない。ブレグジットでもって、もう一度ここに国境をつくるのか。あるいはアイルランドと特別な協定でも結んで、これまでどおりフリーパスにするのか。そうした問題が一つ。

二つ目は、アイルランドはユーロだけれども、北アイルランドはポンドで。非常にややこしい。さらにブレグジットにより、たとえばスペイン・イベリア半島南端に位置する英領ジブラルタルの扱いはどうなるのか。これも全然解決をされていません。

渡邉　これまでアイルランドはユーロでもポンドでも問題がなかった。ヒト、モノ、カネの移動の自由があるから。そしてアイルランドの首都ダブリンは第二のロンドン、ロンドンのオフショアになっていました。ロンドンの家賃があまりに高いので、多くのイギリス企業が事務センターをここに置いているのです。

クラウドビジネスもここですし、アマゾンなどは決済センターを運営しています。けれども、ブレグジットのあり方次第ではアイルランドと北アイルランドに再び国境を戻して、ヒト、モノ、カネの移動の自由化を閉じなくてはいけない。
これを開いたままヒト、モノ、カネの移動の自由を認めると、いったんアイルランドに入ってしまえばEU内は自由に移動できるので、まったく離脱の意味がなくなってしまうからです。逆にイギリスとしては、ハードブレグジットを中途半端に終わらせることにより、有利に展開しようとしている側面もあると思います。


宮崎　ダブリンも意外と寂れていましたね。ジェイムズ・ジョイスの『ダブリン市民』という小説を読むとわかるのですが、昔は裏寂れた港街だった。それがいまはかなり景気がいい。そもそもダブリンにあるトリニティー大学、あそこはエドモンド・バークが学長をしていたくらいの保守のメッカですよ。

一方、オスカー・ワイルドみたいにちょっと毛色の変わった芸術家も出ている。意外にダブリンは芸術の街なのですよ。天才肌のアーティストを多く輩出しています。いまダブリンの人口は一三四万（二〇一六年）くらいでしょう。

集約すると、イギリスはブレグジットにおいて純国内的にはアイルランド、北アイルランドなどの問題がある。海外植民地的にはジブラルタルの問題を抱えている。放棄するのかな、という感じがしますね。地中海の入り口の要衝なのですが、イギリスとしてはもう負担に耐え切れないでしょう。

渡邉 ＮＡＴＯ軍の基地にする公算が高いですよね。
宮崎 それぐらいしかない、選択の余地は。それも結構早めにその結論を出さざるをえない。ヨーロッパ政治はそういう意味でこれからガタガタと変わりますね。つまり、今後はＥＵを越えてＮＡＴＯという枠組みになる。ＮＡＴＯにはバルト三国からポーランド、ハンガリーまでみんな入っている。しかもバルト三国とポーランドではＮＡＴＯ軍の増強が続き、軍事演習も頻繁に行われています。

日米英vs.中独仏

宮崎 ここで米中貿易戦争における世界の勢力図を整理しましょう。
渡邉 たとえばＧ20を見ても、明らかになったのは、海洋国家vs.ユーラシアという地政学的構図が強まったことではないでしょうか。日米英の関係が強化し、中国とドイツ、フランスが接近。そしてメキシコやブラジルや議長国であるアルゼンチンは米国側につき、オーストラリアは中国を切り捨て、英仏のハイブリッド国家であるカナダはトルドー首相がフランス側についた。
習近平氏はポルトガルと「一帯一路」協力で覚書を交わし、マトジニョシュ港に中国・中糧集団（COFCO）のサービスセンターを置くことで合意しました。欧州のなかでも貧しい国を狙い、拠点をつくる動きが活発化しています。ギリシャ、キプロス、ポルトガル、中国の欧州の拠点が拡充されている構造、陸つながりの欧州にとって、大きな軍事的リスクですが、各国の自治権の範囲であり、EUとしてもNATOとしても直接的には打つ手がありません。

中国との経済関係において、欧州の大国ドイツとフランスは、中国に対して強く出られない構図です。中国の軍事的拡張に関しても、ドイツは輸出などで大きな利益を得ており、フランスの対応が求められる局面ですが、グローバリストのマクロンは中国寄りの発言を続けており、フランスも期待できない。EU全体としては、投資審査の厳格化で合意していますが、大国の状況がこの状態では中国の言いなりになってしまう。

宮崎　ドイツはアメリカをはじめとして各国がファーウェイを排除するなかで、「5G」のネットワーク構築に向け、いかなるメーカーやハイテク企業も排除しない方針を示しました。フランスのルメール財務相も一部制限するが、ファーウェイによる投資を歓迎すると表明しています。

渡邊　イギリスはEU離脱に向けて、より強硬になっており、自ずと米国に接近しています。

また、中国は地政学上、南シナ海を封鎖されれば外海に出てゆけない構造であるため、西側諸国にとって南シナ海問題がより大きなポイントになるかたちです。インドやオーストラリアなど、南シナ海の南側の国の防衛強化が必須になったともいえます。

宮崎　英国海軍はすでに米国の南シナ海における「航行の自由」作戦に加わっています。そして、これに関してはフランス海軍も参加しています。南太平洋の諸国は北側に米国信託統治の国々も多いですが、南側はタヒチやニュー・カレドニアなどがフランス領、クック諸島などがニュージーランド、要するに大英連邦。だから英国も海軍を派遣しました。

第6章

中東大地殻変動、中国大崩壊

中国をターゲットにする安全保障外交

宮崎　ここにきて米国とロシアが中距離核戦力全廃条約（ＩＮＦ）を破棄しました。

渡邉　面白いのはそれを受けて、ロシアとアメリカが新合意を結んだことです。あれは中国をターゲットにしたものとしか考えられません。ロシアとアメリカの間で、ある意味出来レース的に話が出来ていて、いったんＩＮＦを解消したうえで、中国相手に新たに戦略を組み直そうという話だと思います。

宮崎　なぜそこまでしたのか。中国のグアムキラーなどの中距離ミサイルで、アメリカの軍事基地が完全に標的に入ってしまったからでしょう。けれども現在、それに対抗する兵器をアメリカは持てない。ここはやはりガラガラポンで核バランスを、もう一回、もとに戻そうということなのですよね。また、それは日本の安全保障という観点からも、破棄していただいたほうがいい。

渡邉　ある意味ロシアとアメリカはずっとプロレスを続けてきたわけで、出来レース的な側面がかなり強いと思います。敵の敵は味方で、ロシアにとって中国は敵だし、表面上は仲良くしてもね。アメリカにとって中国は敵。安全保障面ではアメリカとロシアはソリが合っているわけです。したがって、中国包囲網にロシアが加わってくる可能性が非常に高い。

宮崎　基本的にロシアはいろいろとアメリカに逆らっているけれど、プーチンは最後必ず勝ち馬に乗ってくる。トランプはそれを見越しているでしょうね。

渡邉　そうですね。だからアメリカとロシアとの間では中距離ミサイルに関する新合意をするという見込みで、要は対中国だけなのです。よくロシアと中国が接近しているように報じられるけれども、実際はそうではありません。

ロシアと中国は敵対しているが、時と場合によって利害が一致すれば同じ方向を向くというだけの話なのです。

それも踏まえたうえで安倍総理は、ロシアとの安全保障条約を含む関係改善を訴え始めている側面があるのです。それに一八年十月のＡＳＥＭ（アジア欧州会合）のヨーロッパアジア会議でフランス、スペイン、イギリス――イギリスに関しては前年の日英の安全保障の覚書、さらにインドも含め、ほとんどの海洋国家群と手を結ぶかたちで中国包囲網を構築しつつあります。いま、凄まじいスピードで外交が進んでいますよ。

本来の共和党の考え方を持つ人たちが主流派に戻ってきた

宮崎　要するに同盟の組み換えですよ。トランプは就任して一年は黙っていたけれども、二年目に入ると一気にスピードが上がってきました。あれよあれよという間にね。基本的にトランプが描いた外交は道半ばではあっても、中国を囲い込むという戦略。相当ペースが早いです。それからアメリカ国内で強い反対がどこからも起きない。同盟国からもね。

渡邉　非常にわかりやすいというか、一九八〇年代の冷戦終結により、負けた左側の人たちが、共和党に転向した。それが「ネオ・コンサバティブ＝ネオコン」です。

ある意味ワンワールド、もともと社会主義者でフリーライダーであり、グローバリストであった。これが共和党のなかにどんどん浸透していき、コーク兄弟をはじめとした新自由主義が共和党の主流派になっていった。

その過程でもともといたナショナリストタイプの政治家たちが弱体化していった。トランプの勝利によりこれがひっくり返り始めて、もともと二世代前、レーガン以前の政治家たちがどんどん復活、復権してきている。今回、ポール・ライアンというティーパーティーを主導したいわゆるグローバリストの典型のような人たちが引退し始めています。共和党の主流派が主流派でなくなってしまった。

宮崎　そうそう。だからいま、共和党をリードしているのはマルコ・ルビオ上院議員（フロリダ州選出）です。強硬な対中法案は調べていくと全部ルビオ氏発でした。本来ならば、大統領選挙でルビオが保守本流が本命視した候補だった。ルビオだって、まさかトランプに負けるなどと思ってなかった。

渡邉　だから、ルビオ氏を中心とした旧世代、本来の共和党の考え方を持つ人たちが勝っています。中間選挙の予備選挙の過程で、トランプが支援する候補がどんどん勝っているので、これからの共和党は古い本来の保守の姿に戻っていく。

宮崎　それはあるかも。

すべての貿易協定で中国排除が進む

渡邉　ネオコンは、排除されていく。この過程においてトランプは着々と手を打っています。たとえば国連人権理事会からの離脱、ユネスコからの離脱です。

宮崎　ユネスコ、国連人権理事会には中国がかなり入り込んでいて、同時に、共和党ではなく共和党のネオコンの一部と民主党の完全な金主になっていました。国連人権理事会の看板を使ってお金を集めていたり、ロビー活動を行ったりしていた。いまトランプはこの人たちの居場所を全部奪っている。日本でいえば、従軍慰安婦の問題を取り上げていた連中でしょうか。

国連のほうから来ましたって言う人たちですね。場合によっては最悪、国連からの離脱をしてもいいぐらいの勢いで、トランプはいま進めているわけですよ。トランプは再びロシアを戻してG8体制を構築しようと言い出した。一七年の四月から。

渡邉　言っています。このG8は新国連の新たな枠組みの始まりだと思うのです。

宮崎　もう一つは、新しいTPPをつくろうともしています。まだこれは構想の段階だけれども、そもそもTPPはオバマ政権のときにある日突然言い出したものです。そうしたら、産経新聞までもが賛成に回ってしまった。どうなるかと思っていたら、今度はアメリカが新しいことを言い出した。

渡邉　言い出したおかげで、日本側としてはかなり骨抜きにすることができて、日本に有利な条件でつくれた。このままのかたちでTPPを飲むとアメリカにはあまりおいしくはありません。ですから、アメリカの意向はまずバイで話を進めていき、敵か味方かで分けていく。そのうえでマルチでやろうという話に持ってきたい。

ここでも明確なのは中国外しです。前回の日米の共同声明も、新NAFTAも、ヨーロッパとアメリカの貿易協定もそうなのですが、ポイズンピル、いわゆる毒薬条項で中国と自由貿易協定を結んではならないという条項が全部に入っている。つまり、アメリカとバイで契約を結ぶということは……。

宮崎 名指しはしていないけれどね。

渡邉 けれども、文書の文言に国有企業、あるいは知的財産権の強制的収奪と示してある。そうしたことをする国とは貿易協定を結んではならないとあるのだから、必然的に中国排除ですよ。

新国連からロシアを巻き込むのは一つのポイントになっていて、新しい国連、新しい安保理をつくります。その場合、中国が紛争当事国になると、安保理の投票権を失う。これまでは中国が拒否権を使うので、安保理がまとまらなかった。中国を除くと、安保理がまとまるようになるから、アメリカ側はそれを考えているのではないかと言われています。

宮崎 常任理事国にはやはり、日本とインドを入れてもらわないとね。ドイツはもう邪魔だからいいです（笑）。

トランプになって完全に変わったアメリカの対台湾政策

渡邉 日中共同声明においてサンフランシスコ講和条約を遵守するという文言が入っているの

ですが、これは台湾、中華民国でした。だから、この条約に署名した国は、中華人民共和国ではないじゃないと言い切ってしまう。かつての日中国交正常化と裏側で同時進行した日台断交の逆バージョンをすればいい。中国以外の国がみんなそう言い出せば、可能性が高まってきます。

宮崎　もう一つは台湾に対するアプローチがトランプになってから完全に変わりましたね。まず、中国は一つであるという原則にこだわらないと言い出した。次に台湾旅行法でしょう。それから在台事務所。台北における事実上のアメリカ大使館は海兵隊が警備しています。それから、台湾への武器供与は続ける。これもう一段踏み込むでしょうね、トランプが信頼するジョン・ボルトン国家安全保障担当大統領補佐官は完全な台湾擁護派ですから。

渡邉　アメリカはいつでも米軍を台湾に駐留させてもいいような話をし始めているようです。ただしこれは台湾の問題でもあるのですが、台湾軍のなかにもかなり中国のスパイが紛れ込んでいますから。

宮崎　ホント、ごろごろいる。

渡邉　言語が一緒ですからね。アメリカ側としては、もし台湾で軍隊を運営するならば、日本が運営の主体となるようなものを間接的でいいからつくってくれという話も出ています。たとえば、自衛隊のOBが台湾にわたって民間軍事会社をつくって、米軍の受け入れをそこでやるとか。

宮崎　なんか昔の根本博中将みたいだな。

渡邉　そうですね、根本中将。

宮崎　それから、人材だね。伝統があるからできないことはないのだろうけれど、いまの自衛隊ＯＢでそこまで覇気のある人がいるかな。

渡邉　台湾に対して、アメリカ軍が潜水艦技術を供与すると言っていて、この技術供与は直接的にはアメリカではなくて、アメリカと提携をしている日本企業が技術供与するような話も出てきています。ビジネスベースで考えて進めて行く可能性が高いです。

宮崎　日本にとり台湾は一番の親日国であり、一番近いところであり安全保障上大事な国ですからね。

渡邉　ただ一八年十一月の地方選挙で与党の民進党が大敗を喫しました。実務家である蔡英文総統は、中国とアメリカのバランス政治を展開、これが右からも左からも批判を受け、票割れの原因になってしまいました。

国政選挙ではありませんので、与党・民進党の立場は変わりませんが、次の総統選と国政選挙に厳しい現実が突き付けられたかたちになるのでしょう。

宮崎　その民進党が十一月二十四日の中間選挙で惨敗した結果ですが、ただちに蔡英文総統は責任をとって党首を辞任し、十二月六日には頼清徳《らいせいとく》行政院長（首相）も辞意を表明しました。なにしろ国民党が絶対に取れないといわれた本省人の牙城《がじょう》＝高雄市で、国民党の無名の候補が当選するという番狂わせ。看板の台北市も、無所属で親中派の柯文哲《かぶんてつ》が僅差《きんさ》で競り勝った。日本では親台派のほとんどが民進党びいきなので、国民党の挽回に衝撃を受けた向きが多い。あの独裁政党が甦《よみがえ》り北京と統一する無謀な路線に復帰するのか、台湾人に失望したなどとする論評も目立ちましたね。なかには「台湾の民主主義は死んだ」と酷評する批評もあり中国の選挙介入とメディア操作が奏功したという過大評価をもとに分析した傾向が強かった。

しかし精密に選挙結果を分析すると投票率は四％の減少でしかなく、同時に行われた住民投票には一〇の設問があり、時間がかかりすぎたことがかえって国民の無関心を促進し、加えて民進党の熱烈なファンである海外の有権者の大半が投票に帰国せず、風化していたことも民進党の敗因として挙げられますが、表面的な結末より、内実を吟味すると国民党の完全勝利とはとても言えないのです。

第一に国民党政治家の七〇％は本省人です。中華思想を鼓吹し、中国との統一を早期達成なども獅子吼《ししく》している過激派は国民党内にも不在で、かれらは「新党」、もしくはミニ政党に分裂して国民党と距離を置いている。

第二はあまりにも蔡英文がお粗末だったことが国民の不信を呼んだのは事実で、政権発足直後から、その政治的力量の軽さを懸念する向きが多かったのですよ。

第三に台湾有利という情勢の活用ができなかったという外交的対応力の劣勢、これが一番の敗因じゃないかな。米国の台湾擁護が顕著であり、トランプ政権は「中国が一つという原則には拘らない」として「台湾旅行法」を制定し、事実上の大使館（米台交流協会）の警備は米海兵隊がしている。

そのうえ米国は中国との貿易戦争を展開しており、むしろ露骨なほどに台湾の味方ですよ。にもかかわらず、この劇的な変化を蔡英文は外交にも政策にも活かせず、中国の恐喝に反論もせず、無能という印象を台湾国民に与えてしまった。

さて次期台湾総統選挙は二〇二〇年ですが、すでにレイムダック入りしてしまった蔡英文が再選に立候補するとなると、民進党に勝ち目がなくなりますね。したがって民進党の最有力は頼清徳（首相、前台南市長）に絞られると見ています。

なぜ日本は中国が投げ出した一帯一路プロジェクトを支援するのか？

宮崎　日中接近と批判の声もあるなかで、日本は日本で中国を封じ込めているというのが、渡邊さんの分析ですね。

渡邉　安倍訪中と同時に、第三国フォーラムで話し合われたのが、中国がやりかけて放置してある「一帯一路」関連プロジェクトの収拾についてでした。アジアのそこらじゅうに転がっているわけですよ。やりかけの一帯一路をそのまま残されても各国は困ってしまう。

それで日本が協力できる部分に関して、要は事業の再設計も含めて採算性があるプロジェクトに関しては、中国がやらないのならば日本が「パックンチョ」しましょうということです。日本のみならずアメリカも「アジアインド洋ファンド」をつくったものだから、すでに国際開発銀行、アジア開発銀行、世界銀行、さらにアメリカ政府系投資機関の三者がジョイントする共同覚書を、日米首脳会談のときに交わしているから、安倍首相は動いた。

ファンディングの部分は世銀、アジア開発銀行、日本の国際協力銀行がファンドをつくり、中国が途中放棄したプロジェクトのなかから有効性のあるものだけを拾って、中国の肩代わりして日本がやりましょうということになった。私はそう認識しています。

宮崎　一八年十一月、マレーシアのやり方には驚かされた。やはりマハティール首相は頭がいいよ。マハティールが中国主導の新幹線建設をキャンセルしたでしょう。あれはクアラルンプール周辺の工事が、二〇%程度まで進んでいたけれど、目玉はどうしたってクアラルンプール～シンガポール間ですよ。

どうもこの区間を日本勢につくらせたいというのがマハティールの肚《はら》なのです。ああなるほど、そこまで踏んであの九三歳が動いたのかなと。おそらくそれがベストだから。

タイも中国の力を借りて新幹線をつくりかけているところですが、あそこもマレーシアみたいになりますね。

ハゲタカの餌食となる運命にある中国

渡邉　アメリカとしては、以前の一帯一路のパキスタン案件でも、外貨準備が足りないパキスタンは中国からの債務に押し潰されそうになって、ＩＭＦに対して救援を求めました。ところがＩＭＦにはアメリカが一七・六五％出資しているので、重要な決定についてアメリカは単独拒否権を持っている。アメリカの言い分は、中国への返済に使うならＩＭＦは融資をしない。国際ルールに則って正しいプロセスを踏んだもとでアメリカはＩＭＦの支援を認めるというものでした。

つまり、国と国との間で借金が払えなくなった場合、パリクラブというパリにある調停機関に持ち込んで、ギリシャが行ったように債務の減額をしてリスケジューリングをしろというわけです。貸し手も悪いので、貸し手責任を取らせる。たとえば一〇〇億円のものであれば二〇億円にという具合に、払える金額にしてあげて、そのうえで返済期間を延長してあげる。

宮崎　それは中国・パキスタン経済回廊（ＣＰＥＣ）のことでしょう。総額六二〇億ドルのプロジェクト。払えないというので緊急に中国が二〇億ドルを貸したけれど、それでも足りない。元クリケットのスター選手だったイムラン・カーン首相は中国に挨拶《あいさつ》に行かず、サウジを訪ねてどうやら五〇億ドルの緊急融資をしてもらった。当面はそれで危機を乗り切れるのだけれど、まだ残額が相当あるはずなのです、おそらく今後、パキスタン問題は急浮上してくると思う。

渡邉　パキスタンがどうしても払えなくなったとき、ＩＭＦが介入して、ＩＭＦがパリクラブにかけると、リスケがなされて六二〇億ドルのうち債権として認められるのはたぶん二割から三割になってしまうわけです。そこまで落ちた時点でアメリカが手を差し伸べて債権を全部かっさらえばいい。そうすると中国の持っている権益はゼロになる。アメリカはそれを狙っているのだと思いますね。

宮崎　つまり横取り。

渡邉　これまでの欧米のやり方そのものです。

宮崎　けれども実際にはＣＰＥＣに限っては誰も引き受け手がないと思う。工事現場の大半の区間がテロの対象ですからね。

渡邉　仮に最終的に完成させるという目的があって、それが完成の方向に向かうとすれば、債務の棒引きと、日本なりアメリカなりフランスなりイギリスなりの建設コンサルが入ったうえで、現地の人を使ってやり直せばいい。未完成部分を完成させないといけないということになると思います。結局、そうやって漁夫の利を狙うのはヨーロッパ勢という構図はずっと変わらない。

宮崎　やはり、ハゲタカが政権のなかに何人もいるからでしょう。

渡邉　繰り返しになりますが、成功体験を持っていますからね。

中国を孤立化させた「質の高いインフラ投資のためのG7伊勢志摩原則」

渡邉　中国はこれ以上「反日」をやると、それこそ動きが取れなくなってしまう。中国は日本よりもドイツへの工業製品の依存度が高いので、ドイツ次第というところがある。ドイツもいまはメルケルだけれども、彼女はこのところ選挙に負け続けています。

宮崎　ドイツの政治事情からいうと、コール前政権（一九八二―一九九八）の末期にも土壇場で政変劇があって、メルケルが政権を取った。まずメルケルは任期を全うできないと思う。党内で裏切りがあって。違うリーダーになると思いますよ。

渡邉　一方、オーストラリアは元与党が過半数を割っているので政変の可能性が高まっているという状態ですね。

宮崎　モリソン豪首相は頑張っています。インフラ開発銀行に対抗して、二二億ドルで南西アジア復興銀行（あるいは南太平洋インフラ銀行）を設立します。資本金は二二億ドルとたいして大きくはないけれど、アメリカが六〇〇億ドルを投じてインド太平洋復興プロジェクトを行うことを表明している。日本は両方に協力するのですが、次第に中国に対抗する金融的システムが構築されつつある。

一八年十一月中旬、パプア・ニューギニアでAPEC（アジア太平洋経済協力会議）が開催されました。ここに習近平、プーチン、安倍、ペンスの諸氏が集まった。テーマは南西太平洋のテコ入れでした。これはバヌアツとかキリバスとかこの辺にすーっと中国が進出してきて、オーストラリアがいつの間にかビジネスを中国に奪われていたのですね。アメリカとしても太平洋における軍事的配置という意味からも、これはこの地域のテコ入れをしなければいけないと決意した。

それゆえに首脳会議から戦闘モードだった。習近平氏が「保護主義と一国主義が世界経済に暗い影を落としている」などと悪い冗談としか思えない演説を行うと、すかさずペンス氏が反撃、「中国が不公正な貿易を改めるまでアメリカは行動を変えない」「独裁主義と侵略はインド太平洋地域に居場所はない」と名指しで中国を非難した。それからは非難の応酬で、史上初めて、首脳宣言を採択できないまま閉幕したという異例の展開を見せた。

渡邉　二〇一六年五月の伊勢志摩サミットで、質の高いインフラ投資のためのG7伊勢志摩原則で合意しています。要はレベルの低いインフラ整備には国際協力銀行と国際開発銀行は融資しないとしたわけです。結局、それが中国の一帯一路を進めなくてはならない大きな理由にもなった。

自国で金を調達するAIIBもそうなのだけれど、結局、中国企業が参入できない状態が出来上がりつつあります。だから国際的な資金を使った中国による開発はもう止まっているのが現状だと思います。「質の高いインフラ」はG20の共同声明でも再確認されています。

宮崎　止まってはいます。おそらく前の契約でしょうが、東ティモールに行ったら、橋梁《きょうりょう》工事をJICAが金を出して中国が建設をしていた。共同声明前にスタートしたプロジェクトですね。東ティモールの人に聞いたら、「現地雇用はまったくない。労働者はみんなほかの人で、中国人は一日一〇ドル。現地人は一日三ドル」と言っていましたね。

渡邉　そういう現地の人を雇用しないインフラプロジェクトに関しても、国際開発銀行は融資しないことが先にふれたG7伊勢志摩原則で確認されている。だから中国は一帯一路とAIIBによる独自開発に進まざるをえなくなった。けれども、結果的にアジア開発銀行（ADB）や世界開発銀行との共同プロジェクトが中止になっていて、事実上機能していません。

宮崎　ところで、いまAIIBの資本金一〇〇〇億ドルと謳われてますが、実際はいくらぐらい振り込まれたのですか？

渡邉　二〇一七年九月三十日時点で約九〇億ドルです。それ以降は公表していません。

宮崎　資本金一〇〇〇億ドルと鳴り物入りで騒いだけれども、実際に集まってきたのは九〇億ドル程度でしかないというわけか。

渡邉　その後発表がないのでわかりませんが、実情は協調融資しかできないかたちになっていますね。

各国との約束を破りまくっている中国

宮崎　単独融資はパキスタンとインドの条件でしたか、それぐらいしかないのですね。AIIBの加盟国こそ八四カ国と多く、加盟国が六七カ国のADBを上回るものの、融資は二年間（一七年末現在）二四件にとどまる。ADBの九分の一の規模です。しかも世界銀行との共同融資が一〇件、ADBとの共同融資が四件と、共同案件が過半を占める。

渡邉　一八年十一月に上海で開かれた中国国際輸入博覧会において習近平国家主席は市場開放を謳い、一五年間で四五〇〇兆円にも及ぶ輸入を宣言しましたが、これも大風呂敷に終わるでしょう。

宮崎　要するに、言ったことをやったためしがない。三年前に中国はアフリカフォーラムで六〇〇億ドルを経済支援すると発表した。けれども実際に実行されたのは八八億ドルだった。六〇〇億ドルは大変な額ですよ。いままでも提案事項をただざっと並べているだけでしょう。

渡邉　習近平氏はイギリスを訪問したときもたしか七兆六〇〇〇億円の経済支援をすると言っていたけれど、そのプロジェクトは実施されていませんね。

宮崎　インドもそうですよね。三年あまり前にモディの生まれ故郷のグジャラート州まで行って、二〇〇億ドルのインド投資を行う宣言をして、じつは何のプロジェクトもなされていない。大風呂敷を拡げるのは格好の宣伝になり、しかもタダですからね。

渡邉　フィリピンもそう。南シナ海の人工島問題もあって、ドゥテルテに二兆円のプロジェクトをするからと約束をしたけれども、約束は実行されていません。

宮崎　その金額の多さにびっくりしてぼーっとしているのもどうかと思うけれど、おそらくその発表前に中国側は賄賂《わいろ》を渡しているのだと思う。だからみんな前向きになる。マレーシアの前首相のナジブがそうだった。新幹線はじめ二三〇億ドルのプロジェクトだったけれどね。

渡邉　伊勢志摩サミットのときに「G20ビジネスサミット（B20）」というグローバル企業の幹部や民間団体で構成される組織での活動が決まりました。

G20議長国の企業が主導するのが慣習だが、二〇一六年の杭州サミットの議長国が中国だったことで、このB20の活動が停止してしまったのです。中国企業が参加を拒否したためと言われていますが、「腐敗と戦うためのG7の行動」という附属文書があるように、「G20で腐敗対策をできないのなら、今後はG7で確実にやっていく」という合意がなされています。結局G20ビジネスサミットとは中国の追放と同義であるわけです。

世界最長の橋「港珠澳大橋」の実態

宮崎　そもそも一八年の日中首脳会談は十月二十三日の安倍訪中で決まっていた。ところが、中国側の都合で三日ずれて、結局、二十六日に安倍首相は北京を訪れた。その二十三日、習近平は華南地区を回って、いわゆる「南巡講話」を行っていました。

一九九二年に鄧小平《とうしょうへい》が華南の深圳に行って、「改革開放をもっと進めよ。先に富む人が出てもそれは構わない」と檄を飛ばし、一気に改革開放が進んだというのが南巡講話のルーツですよ。それを習近平が真似るのはいいけれど、もっとすごいことが起きていた。

華南地区には鄧小平の南巡講話にちなんでさまざまな歴史博物館があるのですが、そこから鄧小平の姿が消えていたのですね。たとえば改革開放のレリーフには必ず鄧小平が真ん中にいたのをとっぱらって、肖像画にしてあった。驚いたことに、その肖像画は鄧小平ではなく、毛沢東と習近平の二人にすり替わっていた。

同日、香港、マカオ、珠海をつなぐ全長五五キロ、世界最長の橋というふれこみのオープンセレモニーに習近平は出席した。東京の「海ほたる」みたいなもので、人工の島からトンネルくぐって人工の島へ上っていく構造になっています。

習近平が「ここに港珠澳《こうじゅおう》大橋は記念すべきオープンの日を迎えた」と演説をして、さっさと会場をあとにした。普通、車に乗って試走するよね。その直前、香港のマスコミは、「港珠澳大橋は開通していない、海底トンネルが浸水しているので通れないはずだ。人工の島は地盤沈下が激しく、テトラポッドをぼんぼん投げ込んで頑丈にしているけれどもまだ沈んでいる」と報じていました。中国は全土にゴーストタウンをつくりまくった。あの島もいずれゴーストブリッジになるかもしれません。

渡邉　台風で事故を起こした関西空港でも明らかになりましたが、海の上の埋め立ては徐々に沈んでしまうのですね。羽田空港などは沈みに合わせて、全自動でジャッキアップできる仕組みを設けてあるといいます。おそらく港珠澳大橋はジャッキアップをする仕組みを導入していないのでしょう。

宮崎　埋めていくだけです。しかもセメントでなく生ゴミで（笑）。それは沈むよね。それでテトラポッドで応急手当をしたのですが、そのテトラポッドが沈んでいた。

渡邉　テトラじゃ無理です。日本の場合、そういうものをつくる際には護岸工事で、ケーソンといって、一〇階建てくらいのマンションみたいな構造物をぶち込んでいく。そういう手当をしなければいけません。

宮崎　埋め立てに関して中国は非常に簡単に考えているのだけれども、埋め立てほど難しい工事はない。日本は江戸時代から銀座から先を全部埋め立てて、いまでは佃《つくだ》あたりまでほとんどが埋め立ての土地です。皇居二重橋のあの辺まで海だった。日比谷も埋め立てでしょう。銀座も完全に埋め立てだった。湯島もその名のとおり島だった。源頼朝が流された蛭《ひる》ヶ小島も、昔は海だった。それほど技術の蓄積に彼我の差があるわけです。

鄭和艦隊と同じ歩みをしそうな習近平の一帯一路

渡邉　日本列島があって、フィリピンがあって、インドネシアがあって、ベトナムある限り、海の一帯一路はそこで止めることができます。役に立たなくなってくる。無効化できるわけですから。陸の一帯一路は陸上なので、動脈として一番細いボトルネック以上の物流は成立しません。

宮崎　かつてわれわれが予想したとおりのことになりそうですよ。一帯一路は壮大なゴーストタウンの輸出であったと。ほとんどが不良債権化して、これが中国の滅亡を早めることになりそうです。

十五世紀の鄭和《ていわ》艦隊。七回もの大航海を成し遂げながら、結局、皇帝が変わった途端にすべてがおじゃんになってしまった。鄭和艦隊はいったい何をしたのかって。カネを使っただけ。習近平の一帯一路もそうなりかねません。

渡邉 だから、いまインドがものすごく張り切っています。中国を敵視しているのがインドであって、敵の敵は味方といった論理もある。そしてインド人は本当に狡《こ》すっからい。華僑よりも印僑のほうが狡《こ》すっからいですからね。

宮崎 それよりも狡すっからいのが、レバノン、シリアですよ。なんといったって欲の深さは大変なものです。カルロス・ゴーンの強欲さはつとに有名ですが、彼はまぎれもなくレバノン人です。国籍はブラジルだけど。

渡邉 ナレンドラ・モディ氏はものすごい人なつこくて、敵をつくらない技術はすごい。習近平が一番嫌ってるのがモディ氏と言われています。

宮崎 何が嫌いなの？

渡邉 モディ氏の親和力、調整力でしょう。習近平氏は自分は大帝だ、世界の皇帝だと思っているのだけれども、世界中の指導者からモディ氏はちやほやされる。たとえばＴｗｉｔｔｅｒ

でも、世界的な国際会議でも、モディ氏は誕生日に「ハッピーバースデー、シンゾー・アベ」とか言って、アクセスして、「ありがとう、モディ」って見える格好でやってるわけですよ。世界中の指導者とそういうパイプを築きあげてしまっている。習近平氏は常に孤独な皇帝でしかない。

宮崎　インドにおける問題は、日本企業が受注した新幹線プロジェクトの着工がかなり遅れそうなことです。アーメダバードからムンバイまでの五〇〇キロを二時間半で結ぶ。結局、インドで一番てこずるのは用地買収です。そこが中国とはまったく違う。

「インドは世界最大の人口を持つ民主主義国である」がモディ氏の口癖なのですが、反面、そこが一番困るところなのです。

中国は二〇二二年冬季オリンピックを北京で開催できるのか？

渡邉　「発展は遅れたけれど、着実な歩みをしている」がモディの言い分です。でも、さまざまな意味で、世界は五〇年前に戻りつつあるような気がしてなりません。マハティールが復活してきたり、東京オリンピック、大阪万博、札幌オリンピックと時間の遡《さかのぼ》りが起きています。なんなのだろうと思います。インドであれば、オリンピックはどこで開催すると宮崎さんは思われますか?

宮崎　やっぱりムンバイでしょうね。施設面から言うと。

渡邉　でも立候補すらしていないですよね。

宮崎　うん、立候補さえしていません。やはり受け入れるインフラがまだ整ってないでしょう。たとえば、いまASEANが一〇カ国あります。一一番目に東ティモールが入りたいと言っているのだけれど、まったく相手にされません。

それはなぜかというと、持ち回りで国際会議が開催されるわけですから、ちゃんとした国際会議場があること。二〇〇〇人クラスの会議にはなるから、収容できるホテル、それも四つ星以上の、ちゃんとした設備のあるホテルがあること。同時通訳ブースがあること。これらの条件がまだ満たせていない。

インドもやっぱりそういう意味では、オリンピック施設のインフラがあと四年で完成するなどという芸当はできません。

渡邉　中国は二〇二二年に北京で冬季オリンピックを開催する計画になっていますが、マルコ・ルビオ氏が難癖をつけています。IOCの会長に、中国はウイグル族の問題があって人権弾圧国家だから、オリンピックの開催地には適さない、他に変更しろという圧力をかけたと報じられていますね。

宮崎　ところが、一九年のノーベル平和賞はラビア・カーデル氏にいくような気がしています。いまの情勢から考えたら、彼女に受けさせたほうが西側としては刺激になるし。いままで中国に遠慮して渡したくても渡せなかったものを、今度は堂々とやれるのだからね。

渡邉　金正恩と文在寅がノーベル平和賞を取る気満々だったらしいですよね。

宮崎　何を判断してそういう幻想を抱くのか。

渡邉　オバマは大統領にもなってすぐノーベル平和賞を取りましたから。何もしていないのに。

宮崎　金大中の場合は選考委員会に三億円ぐらい使ったと言われています。韓国の歴代大統領のなかでただ一人、金大中のみが逮捕されていません。でも、息子二人が逮捕されていますから同じようなものだ。

　金大中は朴正熙《パクチョンヒ》と大統領戦を戦った。本当は金大中のほうが勝っていたというのがいまの見方なのです。それで韓国にいられなくなり、日本に亡命してきた。孫文《そんぶん》と同じようになんだかんだ大きなことを言っていました。高田馬場に大きな事務所を持って、カネ集めをしていました。

　朴大統領側はそれが癪《しゃく》に障ってしょうがないから、ＫＣＩＡがある日突然、忠誠を示そうとしたあまり九段下のグランドパレスから金大中を拉致した。

ただ者ではないトルコのエルドアン大統領

宮崎　中東を見ましょう。一八年十月にトルコのサウジ大使館で発生したジャマル・カショギ記者殺害事件は世界中の耳目を集めました。

渡邉　トルコはキリスト教福音派の牧師を解放してアメリカとの交渉のパイプを再び戻したから、あれは結構よい選択だったと思います。

宮崎　逆に言うと、あの牧師を非常に有意義なカードに使いましたね。

渡邉　ビジネスとしてうまく使った。

宮崎　私はエルドアン大統領はただ者ではないと改めて思いました。三年前のクーデター未遂のとき、エルドアンはリゾート地マルマリスにいた。クーデターの動きがあると知らせたのはじつはロシアの諜報機関だった。あのクーデターが成功していたら、いまのトルコはどうなっているか見当がつかない。あのときにクーデターの動きをエルドアンに伝えたのがロシアなのですよね。ロシアがあそこで最大の恩を売った。

渡邉　福音派とは米国共和党のなかで最も忠実な母体なので、そこに対するアピールが中間選挙前にできたことはトランプにとっては大いにプラスでした。一番高く売れるときにカードを売ってきたという気がしますね。

宮崎　アメリカにとりトルコに対してしくじったなという実感があったと思う。やはりブランソン（牧師）を押さえていて、しかもイズミールというトルコの南のほうにNATO最大の海軍基地がある。

だからトルコは手放せないですよ、西側はね。

渡邉　対中国という意味においても、これからトルコは結構重要な意味を持ってきます。

宮崎　トルコをこれまで一番支援したのは日本ですが、横から中国がこそこそと入ってきて、アンカラやイスタンブールの高速鉄道を建設したし、今度はロシアが入ってきて、パイプラインを引いています。ということは、トルコは両天秤《てんびん》どころか三天秤をかけて、しかもアメリカとの綱渡りを行っている。

渡邉　EUとの間では移民を引き受けてあげるからといって、なまなかではない経済支援を勝ち取っています。一方、トルコとEUの関係が悪化すると、難民爆弾がトルコからEUに渡っていくよと脅しカードをチラつかせる。

宮崎　ただね、トルコにはまだシリア難民が三五〇万人以上もいる。あれはトルコの負担ですから、経済的な負担も大変なものがある。

渡邉　その費用は全部EUが持っている。

宮崎　もちろん持たせてはいるけれども、敷地から、伝染病の駆除から、トルコは目に見えないカネを相当使わなくてはなりません。

渡邉　それとエルドアンの経済政策は滅茶苦茶です。急騰した金利を下げるためにお金を刷らなくてはならないと、わけのわからないことを言っています。経済原則をまったく無視した経済音痴の大統領がトルコの不況を招いている。

宮崎　トルコの基本的な問題はイスラム復帰にほかなりません。これまで政教分離ではっきりしていたケマル・アタチュルク路線を変えて、イスラム体制に戻した。すべての大学にモスクを建て、礼拝を強要したりしていた。エルドアンに対するクーデターが起きたのもそれが理由です。

渡邉　イスラム教も世俗主義的というか、開放主義的なイスラム教にブレていたかと思うと、今度は反動で原理主義的に戻ってきたり、を繰り返しています。振り子が振れるようにね。これから世界的な冷戦が強まっていくなか、イスラム教国が国によりどちらに振れるかで変わってくるのではないでしょうか。

宮崎　経済が行き詰まると、指導者は必ず国民の関心をすり替える。あれだけ一日五回も礼拝をしなければならないというだけでも経済効率が悪い、たしかイスラム教は金曜日の午後から休みになるのですよね。非常に非効率的な社会構造で、近代的な工業としての輸出競争力が持てるかというと、それはトルコ一国のみでした。いまインドネシアが台頭しているのは、世俗主義に戻ったからだと思います。

王族たちの貯金箱になっていたサウジアラムコの上場失敗の裏側

渡邉　サウジのサウジアラムコが上場できなかったことも中東のトピックです。サウジアラムコを上場させると宣言したムハンマド皇太子が、他の皇太子たちに対して判断を迫った。ホテルに王子たちの家族を全員集めて、あそこは一夫多妻でやたらと家族が多いのですが、彼らを拘束状態にして無理やり権利放棄のサインをさせた。その強引さに対する不満が強くて、ムハンマドは王族のなかで完全に浮いてしまっています。

カショギ記者殺害事件をめぐり、ムハンマド皇太子派と引きずり下ろそうとする勢力との相克が激化しています。

結局、サウジアラムコは王族たちの貯金箱になっていた。王族が飛行機をチャーターしてどこかに移動するとき、そのチャーター料をサウジアラムコが支払っているわけです。

みんなの貯金箱だったのが、その貯金箱に手を出せなくさせられた他の王族たちの不満と、これまでのさまざまな工作を含めた対立で、王族内がぐちゃぐちゃになりつつある。もっとも安定しているとされたサウジアラビアがこれだけ不安定化してきたため、石油の価格の変動も荒っぽくなっています。

宮崎　アラムコが上場できなかった最大の理由はなんですか？

渡邉　透明性の問題です。上場するには透明性が不可欠で、私的利用など当然認められるわけがありません。当然ながらサウジ王族は反対します。

宮崎　アラムコが上場できないということは、サウジが打ち出した近代化計画「ビジョン2030」はもうお仕舞いだね。これでムハンマド皇太子のセールスポイントがなくなってしまったわけだ。

エルサレムに大使館を移転するというアメリカ側の踏み絵

宮崎　アメリカの工業株（ニューヨーク・ダウ）についてだけれど、結局、製造業での主要産業は兵器と自動車くらいでしょう。

世界景気が後退すると航空機は売れなくなるし、サウジアラビアはいま財政的に非常に追い詰められているから、約束した兵器が本当に買えるかどうかわかりません。イエメンとの紛争に毎月六〇億ドルも費やしています。ということは年間七〇〇〜八〇〇億ドルでしょう。すごいですよ、日本の防衛費の五〇〇億ドルよりも多いのだから。

渡邉　サウジはサウジで、自国民による戦争参加ができませんからね。結果的に傭兵を雇ったり、民間軍事会社という名前の組織を雇ったりしてやらせているわけで、どうしようもないですよ。

宮崎　クウェートだって同じようなものですよ。自分たちの国がイラクに侵攻されてアメリカが血を流しているときに、クウェート人たちはどこにいたのか。

スイスとエジプトのホテルを陣取って、テレビで戦争を観戦しながら、酒を飲んでいたのですからね。アメリカとしてはこういう連中を快く思っているわけがない。

渡邉　アメリカもシェールガスが採れるようになったおかげで、これまでほど中東の必要性がなくなりつつあります。サウジに対する最近のアメリカの態度は強硬なものがありますよね。

宮崎　それからアメリカがイスラエルの大使館を平気でエルサレムに移転しても、結局、どこも反対しなかった。これまでだったらエジプトとかヨルダンで必ず反米デモが起きたのですが、何もありません。

渡邉　ブラジルでも新大統領がエルサレムに大使館を移転すると言っているし、やはり周辺国は踏み絵を踏まされていく。アメリカを選ぶのか、中国なり第三勢力を選ぶのかという踏み絵ですよね。その一つがエルサレムへの大使館移転なり、それに対する声明なり、ということになってきた。
反米国家に対してはアメリカがドルスワップを与えないから、結果的に資金が足らなくなって破綻に追い込まれていきます。エクアドルやパキスタンがそうなりつつあります。いまパキスタンは中国べったりなので、アメリカは支援をする意思はまったくありませんね。

宮崎　あれはアフガニスタン戦争があったから、アメリカはパキスタンを突然援助して、パキスタンの四つの飛行場を借りた。一方、民政における援助は日本にやらせた。日本は当時の金で四五〇〇億円を無理やりに支出させられました。再びパキスタンをアメリカが本格的に支援するのであれば、やはりまた日本の出番が強制的に回ってくるわけです。

渡邉　どちらにしても、世界中が混乱期、大きく変化する過程に入っていることだけは間違いありません。

宮崎　当面の間、中東はどうにもならんでしょう。いまは決定的な力を発揮できるような国が存在しない。化学兵器の開発はほぼ絶望的で、核で決定的に他国へ攻め込むことなどできないし、イランも相当弱っています。要するに、イランの狂信的宗教指導者がシリアとレバノンへ出していた、ハマスやヒズボラに対する資金が枯渇しているし、そのうえ石油の輸出ができないように締め上げられるわけです。
アメリカとしてはウクライナでやらしたように、イランで国内暴動が起きるところまで煽《あお》るのではないでしょうか。イランが混乱すればするほどアメリカにとっては利益になるし、サウジはそれでちょっと安心します。
しかし、一番の攪乱《かくらん》要因はやはりトルコでしょうね。

イランとはかなり緊密な関係にある中国

渡邉 トルコが世俗的な方向に戻ればある意味うまくいくのでしょうね。宗教の原理主義にこだわり続けると、反米政権に転ぶことを繰り返します。

宮崎 教義から言えば、反米というよりも反キリスト教です。アメリカもヨーロッパも敵だ。そして一番の敵はユダヤだ、ということになります。

一方、イスラエルは景気がいいし、人口も増えた。それこそ移民の奨励ですよ。ロシアから一〇〇万人ぐらい入れて、エチオピアからも入れました。要するに、ユダヤ教を信じていればみんなオーケー、どんどんいらっしゃいというわけです。人口を増やしても、その分、労働力を吸収できる工業力がイスラエルにはあるからね。農業も結構盛んです。

驚くかもしれませんが、イスラエルで人気のある日本車はスバルなのですよね。アラブのボイコットで他のメーカーがイスラエルに進出できないときに、スバルが進出した。だから日本車といえばスバル。たしかスズキもイスラエルに出ています。先にもふれたけれど、スズキはさっさと中国を捨てて、よい決断をしたと思います。

渡邉　スズキはインドでのシェアは五割以上。世界第四位の自動車大国で五〇〇万台を販売、一人勝ちの状況です。

宮崎　もう一つスズキが狙っているのはアフリカですね。アフリカはやっぱり中古を買う。それと小型車しか買えない。中国は武器の販売で中東に入り込んでいます。

渡邉　中国は反米国家であるイランに武器を売り続けています。加えて、フランスの石油メジャーのトタルと中国のシノペックが一緒にやるはずだった油田開発をトタルがアメリカのイランへの制裁をリスキーと判断、シノペック独占でプロジェクトを進めることになったりと、イランとはかなり緊密な関係にあります。

先にも述べましたが、今後、イランから原油を買った中国企業はアメリカの金融制裁の対象になることです。このような状況になったときに、中国はどうするのか。一応一八〇日の猶予期間があるので、猶予期間のうちはとりあえずアメリカも強くは出ないでしょう。けれどもその後も取引を続けることになると、アメリカが一気に厳しい処置を取り始める可能性は限りなく高いわけです。

宮崎　インドと韓国もイランから買っています。例外とすると言ったって、半年だけでしょう。

備蓄基地を持っているところは、いまのうちにイランから買って備蓄タンクに入れてしまえばいいのだけれど、中国の備蓄タンクのキャパシティはそんなに大きくはないはずです。

渡邉　四〇日分にしかなりません。ちなみに日本の石油備蓄量は約一七八日分で、アメリカを凌ぎ世界一です。

宮崎　中国は本当に四〇日分もあるのかな。一般に九〇日、つまり三カ月分が先進国のラインと言われています。

渡邉　あくまで公称なので、本当のところはわかりませんが。

宮崎　四〇日分もあるなんて大変な進歩ですよ、中国は。

一度も調整場面がなかったことが恐ろしい中国不動産

渡邉　最後に深刻な中国の不動産バブルに改めて目を向けると北京、上海、深圳で膨張しており、世帯年収の二八～三五倍と一九八〇年代の日本よりも大きい数字です。先進国でも高いほうのシドニーやメルボルンでさえ、一〇～一一倍ですからね。不動産の暴落で、中国各地で連日抗議デモが行われているようです。河南省では不動産業者が二〇％の値引きで物件を販売したと報道されました。

宮崎　不動産は売れないときには本当に売れないからね。金に困って叩き売りをする人が出てくるのは定石どおりですよ。

渡邉　個人の投げ売りよりもデベロッパーの投げ売りが始まっています。デベロッパーの投げ売りが始まったということは、大量の売り物件が出ていることを意味します。

宮崎　これが昔ならアメリカのハゲタカどもが買うのだろうが、中国のあの物件では買わないと思う。みんな手抜き工事だからね。

渡邉　そもそも所有権がありません。

宮崎　そうそう、所有権がない。それが最大の問題だ。

渡邉　カントリーリスクが高くて土地の所有権がない。これでは買えないですよね、買いたくても。

宮崎　バカバカしいですよ。いままでよく買っていた人がいましたね。

渡邉　中国に関しては一九八〇年代に始まった改革開放からしばらくの間、経済特区で一部の限定された「万元戸」と言われる金持ちがいました。当然、彼らは中国共産党員でした。それが二〇〇〇年に入ってから一気に一般庶民レベルまで、といっても都市住民に関してですが、彼らが豊かさを享受し始め、不動産を買い求めた。問題はその間一回も中国国内の不動産価格の調整がなかったことでしょう。

宮崎　ずっと上がりっぱなしだった。

渡邉　上がりっぱなしだから、逆に言うと、不動産神話が生まれてしまい、不動産は絶対に下がらないものだと思い込んでしまった。ところがここにきて、初めて下落というショックに見舞われているわけです。

宮崎　「政府は下落分を補償せよ」というデモが必ず起きると石平氏が言っていたけれど、まだ起きていません。

渡邉　いや、小規模なものはあったようです。ただし大規模は起きていません。

宮崎　でも、一度大規模なデモが起きると、燎原《りょうげん》の炎のごとくデモの波が全土に広がっていき、黄巾の乱のようになる可能性があります。ま、中国人の体質は劉邦の黄巾の乱以来、ちっとも変わっていない。

バブル破裂時に天才的詐欺師ぶりを発揮する中国

渡邉　先ほども申し上げましたが、資産形成とか資産バブルと言われるものの根っこにあるのは不動産価格です。手持ちの不動産を担保にしてお金を借りる。その余剰資金を投資に充てる。そこにレバレッジが掛かって数字が膨張していくのですが、それらの根底にある不動産の値段が下がり始めるとレバレッジが掛からなくなってしまうわけです。

それがいまの中国です。言ってみれば、不動産バブル崩壊の典型的パターンに突入したということになります。

不動産投資は基本的に中長期投資で、生保・損保企業がその典型となります。したがって、保険会社が破綻し始めると資産バブルも崩壊することになる。

一番短い資金が株式の資金、次が債券の資金、一番ロングスパンの資金が不動産投資になります。

金融業も同じで、証券・銀行・保険で扱い資金の資金サイクルがまったく違うわけです。この保険がやられると、それより短いのは全部やられてしまう。日本でもバブル崩壊前、駅前の一等地のビルはみんな保険会社が持っていたでしょう。そして自動車の販売台数が落ちたことは前に述べましたが、これもバブル崩壊の象徴でしょう。

バブルは弾けてからわかるものであり、外需、内需ともに大幅な悪化が起きているものと思われます。

宮崎　そうだった。いまでも都心の駅前にはニッセイ何とかビルや住友何とかビルが見られます。

渡邉　渋谷には東邦生命ビルもあります。結局、保険は加入者が死ぬまで払わないでいいので、ロングスパンの運用を考えなければならないわけです。
ロングスパンの運用を考えた場合、ビル投資が一番安定して家賃利回りが稼げるのですよね。ここの部分が壊れ始めたということは、当然それより短い資金のものはさらに激しく壊れるので、簡単に不動産価格が持ち直すというか、バブルが回復するのはかなり難しい状況にあると思います。

宮崎 だから中国は次にどういう手を使うか。なにしろ天才的な詐欺師の国だからね。バブルが破裂してにっちもさっちもいかなくなったとき、世界中があっと驚くような、こんな手ありかというようなものが出てくるはずです。それが中国という国の国柄ですからね。

追い詰められれば再国有化も辞さない中国共産党

渡邉 いまやっているのは、前述したデッド・エクイティ・スワップ、負債と資本との交換で、債務の株式化と呼ばれるものです。償還期間のない永久債を大量に発行して、金利さえ払い続ければいいことにする。

宮崎 その永久債の金利はどれくらいなのですか?

渡邉 いま中国の銀行の定期預金の金利が二・五%前後です。そこにプレミアムがどの程度乗るかでしょう。発行主体によると思いますが。五〜七％くらいの間で動いていると思います。

宮崎　そうすると中国の経済成長は六・五％と公式発表しているけれども、事実上は四％程度しかないことが窺《うかが》えますね。金利が四％以上だったら明らかに破綻ですよ。

渡邉　そうです。一般の理財商品などを除くと、銀行物の貸し出し金利が五〜六％なので、それより高い経済成長率を維持しないと先生がおっしゃるように破綻します。

宮崎　電力消費が落ちても経済成長が八％とか平気で発表する国です。当事者の発表はすべて粉飾。おそらく中国人にしたって、誰も知らないと思うよ。中国が本当に成長しているのか、あるいは成長などとっくに止まっているのかを。

渡邉　わからないと思います。中国のバブルは粉飾に粉飾を重ねたレバレッジのかかったバブルですからね。たとえばリーマン・ショックなどは、一応は粉飾はないけれども、仕組み上問題があってレバレッジがかかりすぎたわけです。

ところが中国の場合、根底からがまったく信用できないので、読めない。ただ、すべてを国有化してしまうのは、一つあるのではないでしょうか。再国有化、再共産主義化は中国政府のやれる手として存在するのは確かです。

中国には究極の二択が待ち受けている

宮崎　その場合、民間に売ってしまっている株式はどうするのかな。買い上げるのでしょうかね。たとえば、中国工商銀行は二〇～三〇％の株式を市場で売っているでしょう。もう一度国有化するとなると、株を買った人は犠牲になってしまいます。

渡邉　だから株式としては持っているけれども、非上場化しちゃえばいい。六六％以上株式があれば非上場にできるわけですから。非上場にしてしまえば株式を持っている人に何も払わないですみます。

宮崎　あの大銀行が非上場となれば、国際業務はできなくなる。

渡邉　国際業務をしない鎖国に近い状態にするという前提であればできますよね。それしか中国共産党が持つ方法がない。そうなったときにはするでしょうね。

中国をこれからどうするかについて、アメリカ側は「言論の自由」「資本の自由」「自己所有の自由」などを求めてくるでしょう。アメリカにとって自由は正義なのですから。

ところが、言論弾圧も人権弾圧もできなければ、現在の中国共産党体制は絶対に持ちません。そのような世界は中国の指導者にとってマイナスでしかない。だからといって、逆に再共産主義化すれば中国共産党は持つかもしれないけれど、いまの安定した豊かさは享受できなくなる。

まあ、究極の二択が待ち受けているのでしょうね。中国は中間的なものを誤魔化し続けて、おいしいところ取りをしてきたのだけれど、それが失敗に終わった。それがいまの状況といえます。

宮崎　このところ小生の講演テーマを「一帯一路、末路」ってタイトルにしていますが、まさにそうなりつつあります。

終章　ファーウェイ・ショック、そのとき米国の勝利が確定した

渡邉哲也

5Gで「踏絵」を迫るアメリカ

二〇一八年十二月五日、世界に大きな激震が走った。

カナダ紙グローブ&メール電子板がカナダで世界シェア二位の中国通信大手、華為技術（ファーウェイ）の孟晩舟《もうばんしゅう》・最高財務責任者（CFO）を、アメリカ当局からの要請でイラン制裁破りの容疑で逮捕したと報じ、それが世界を駆け巡ったからだ。後にわかったことだが、九〇日間の関税引き上げ延期を決め、貿易戦争「一時休戦」かと報じられた米中会談の裏で、この逮捕劇が進んでいたのだ。

米中貿易戦争での和解ムードを好意的にとらえ期待していた世界の政財界は一気に冷水を浴びせられた格好だ。ファーウェイは中国が推し進める「中国製造二〇二五」の最も中核となる技術を持つ企業であるだけに、アメリカ当局の圧力により潰されてしまえば、中国製造二〇二

五そのものが破綻する可能性があるのである。

一方、中国当局はアメリカによる不当な逮捕だと対決姿勢を示す。そして、報復するかのように即座に在中カナダ人二名をスパイ容疑で拘束したと発表した。

報道によれば、孟晩舟容疑者はイランへの金融制裁破りとともに、米国銀行に対する「銀行詐欺」容疑がかけられている。また、二〇一一年以降に最低でも、香港国籍パスポート三通、中国国籍パスポート四通、そして別途中国の公人パスポートも保有していたことが判明。これらのパスポートは複数の氏名・生年月日で利用していた疑いも報じられている。このため、同容疑者は出入国履歴を隠し、スパイ行為を行っていた疑いも浮上している。

国民二人を拘束され、中国当局から人権問題であると猛抗議を受けるなか、カナダ当局の対応が注目されたが、早急な判断をせず、翌一九年二月に審議を行うとし、八億五〇〇〇万円もの保釈金とGPSによる二十四時間の監視および警備担当者が常に監視するという態勢を条件に保釈に応じた。

中国が最も恐れることは、孟晩舟容疑者がファーウェイが何をしていたのかすべて話してしまうことである。当たり前と言えば当たり前であるが、米国がカナダに逮捕依頼をするに至ったのには、何らかの情報を握っていた可能性が高い。

万が一、孟晩舟容疑者が有罪となった場合、金融詐欺で三十年、制裁破りで三十年、密入国関係で二十五年の刑を科せられる可能性があり、これは事実上の「終身刑」といえる。すなわち、孟晩舟容疑者は一生刑務所で過ごすか、すべて話すことで減刑や免除、第二の身分を与える証人保護のプログラムを選ぶか、究極の選択を迫られる公算が高い。むろん、中国に帰っても口封じに監禁・拘束、殺害されるのは目に見えており、常識的に考えれば司法取引を選ぶだろう。

そして、この逮捕を機に米政府は世界中の同盟国に対し中国製通信機を使わないようにさらなる圧力をかけた。とくに次世代の規格である「5G（第5世代移動通信システム）」に関して基地局やシステムに中国製通信機を入れないように迫ったのだ。これにより世界各国の通信企業は揺れに揺れた。

現在、世界で二〇一九年の開始に向けて、5G（第5世代）の実証実験と設備投資が始まっており、この問題で通信各社の投資計画と5Gの開始時期に大きな問題が生じる恐れがあるからである。携帯端末と基地局や通信システムの話を混同して報じられることが多いが、ここで最も問題になるのは基地局と通信システムである。とくに5Gに関しては、単なる携帯電話やスマートフォンの話ではなく、常時接続による自動運転や自動配送、電力のスマートグリッド、電子決済など社会の中核となる技術と密接に関係しており、通信の分断は、即社会全体の分断につながるからだ。

日本ではほとんど報じられなかったが、一八年八月、米国で十月（米国では十月から新年度）からの軍事計画と予算を決める「国防権限法（ＮＤＡＡ）」が成立した。詳しくは本文に譲るが、この法律では、一九年八月十三日以降、政府機関、米軍、政府保有企業が華為や中興通訊（ＺＴＥ）など五社の製品や部品を組み込んだ他社製品を調達することを禁じている。

つまり、二〇年八月十三日以降、対象企業の製品、部品などを利用している場合、米国政府や米国機関との取引ができなくなる。当然、この対象は米国内だけにとどまらず、米国政府と取引する世界中の企業、個人、団体が対象となる。すなわち、この時点で米国議会は世界各国に対して、米国を選ぶのか中国を選ぶのか、一種の「踏み絵」を踏ませていたのである。

安全保障をないがしろにする日本の根本問題が露呈

今回の事件により、日本のメディアや携帯各社がいまさらながら騒いでいるが、八月に国防権限法が成立した時点で勝負は決まっていた。日本の大手企業のほとんどが何らかのかたちで米国政府や米国政府機関と取引している。

たとえば、在日米軍だけでも日本企業が大量の物資を納入している。安全保障を理由に米国との取引を切られたとなれば、今後その企業は信用問題を抱え込むことになる。もちろん、日本政府もこの対象であり、ようやく重い腰を上げ、名指しは避けながらも政府調達から二社を排除する方針を決めた。

これを受けて、ドコモ、KDDI、ソフトバンクの携帯大手三社と新規参入予定の楽天は、5Gでの中国二社の不採用と既存設備からの排除を進める方針を打ち出した。前述のように、基地局や通信システムに二社の設備が入っていれば、米国の排除対象とされてしまい、法人顧客などを一気に失う可能性が高いからである。5G以前の既存の基地局でファーウェイ製を約六割採用していたソフトバンクでさえ、すべて排除という苦渋の決断をせざるをえなかったことからも、事態の深刻さがわかるであろう。

しかし、日本政府と日本企業の遅きに失する対応はもっと責められてしかるべきである。八月の国防権限法以前にも、四月に発生したZTE問題で米国議会は中国二社に制裁をかける方向で議論を進めていたからである。トランプ政権は中国の習近平氏との合意によりZTEへの制裁を解除し、国防権限法からの中国二社への規制排除に動いたが、議会の大反発で、これが盛り込まれた経緯があったのである。

この決定までの過程をきちんと追いかけていれば、今回のようなドタバタ劇を演じる必要もなく、無駄な投資を防ぐことができるとともに、採用先を切り替える時間的余裕があったはずである。国家にとって安全保障はすべてに優先し、最悪の事態を想定したうえでのリスク管理こそが経営者の最大の責務ではないのか。はしなくもこの度の事件は、安全保障をないがしろにする日本社会の根本問題を露見させたともいえる。

大規模通信障害にファーウェイ問題を抱え、PAYPAYでも不正利用などのトラブルを発生させながらも、予定どおりに上場（一八年十二月十九日）したソフトバンクなどは、無責任のそしりを免れないであろう。ソフトバンクの株価が上場目標値を一五％も下回ったのは、市場の賢明な判断だと言っていい。

同社にとって、スプリントとTモバイルの合併が対米外国投資委員会で承認されたのは朗報であるが、その条件として、中国製通信機器を使わないという条件が含まれていたと言われており、合併両社の親会社であるドイツテレコムがこれに従う方針を出したことで今回の承認が出たと考えられる。つまり、ドイツテレコムは中国製品排除を拒否していたドイツ政府の意向と異なる方針を示したわけだ。だが、やはり決断に時間がかかりすぎている。

いずれにせよ、世界の次世代通信網は米国を中心とする勢力と、中国を中心とする勢力に二分化されることが確定した。そしてこれからのあらゆるインフラ関連の中核を担う5Gにおいても中国製が排除されていくことになる。すでにアメリカ当局は携帯各社だけでなく、監視カメラメーカー三社も排除対象としているが、すべて一連である。米国はすでに「必勝の方程式」を手にしているのだ。

そしてこれはいま話題となっている「ビッグデータ」をめぐる巨大IT企業GAFA（グーグル、アップル、フェイスブック、アマゾン）と国家の争奪戦とも関連する。すでに欧州では欧州域外への情報持ち出し規制をかけており（一般データ保護規則〔GDPR〕）、アメリカにおいても個人情報保護強化を打ち出している。中国も同様であり、今回の事件を受けて日本政府もやっと重い腰を上げたのであった。一九年は日米欧で中国などへのデータの流出を防ぐ「データ流通圏」の構築が進むであろう。

機械情報通信すべてが分断される時代の始まりであり、のろしであったと言えるのではないだろうか。

あとがき　お金は正直

「お金は正直」であり、「現実を写す鏡」である。それは人と人だけでなく、国と国のつながりや対立を表す鏡でもある。そして、お金は時として非常に残酷な道具でもある。金が尽きれば国家すらも滅亡してしまうのである。国家が滅亡すれば、その国の社会基盤は崩壊し、飢えやエネルギー不足で国民も生命の危機に瀕《ひん》するのである。これは債務危機で破綻状態に陥ったエクアドルやパキスタンで起きている現実である。

しかし、世界で一つだけこれを回避できる国がある。それが米国だ。なぜならば、米国は事実上の基軸通貨ドルを刷ることができ、世界の金融市場を支配しているからだ。このため、米国にとって「ドルは最大の戦略物資であり、同時に武器」でもあるのだ。そして、ドルを刷ることができる米国にとって、安全保障はすべてに優先し、経済も金融も世界戦略における道具の一つにすぎないわけだ。

第二次世界大戦末期につくられたブレトンウッズ体制がその基盤である。世界銀行やＩＭＦ、パリクラブやロンドンクラブ、そして、バーゼル銀行委員会ＢＩＳもこの体制を維持するためにあると言ってよいのだといえる。

戦後、六〇年近くにわたり、この体制は安定した状況にあった。しかし、ついに無謀にもこれに挑戦するチャレンジャーが生まれたわけだ。これが中国である。リーマンショックにより弱体化したアメリカ、欧州金融危機により弱体化した欧州連合、バブル崩壊と失われた20年から抜け出せない日本という構図の中で、中国はいまの世界の支配体制を破壊し、次の支配国家としての地位を確立しようとしたわけだ。

リーマン・ショック直後のG20金融サミット、IMFのクオータ(投票権)拡大と構成通貨(SDR)入り、世界銀行の対抗軸となるBRICS銀行、アメリカと日本が支配するADB(アジア開発銀行)の対抗軸になるAIIB(アジアインフラ開発銀行)、直接的なODAである一帯一路(海と陸)を繰り出し、札びら外交で中国に従う国を生み出そうとし、そして、重要な戦略拠点を奪い始めたわけだ。

これに対して、日米欧は初動に失敗した。日本は民主党政権により中国に対して間違ったメッセージを与え、中国に拡大の余地を与えてしまった。米国はオバマ政権によりそれを放置し、欧州は債務危機と中国経済への期待により逆に接近した。これが結果的に南シナ海への拡張と各国の利権を奪われる結果を生んだのだ。

しかし、これは南シナ海における人工島の完成と金融経済における中国の拡張、そして、クリミア紛争によるNATO軍とロシアの紛争により大きく変化を遂げることになる。再び冷戦が始まったのだ。そして、英国の欧州離脱から始まったナショナリズムの動きがこれを決定づけた。大陸からの離脱を決めた英国は再び海洋国家として生きることを決め、親中派だったキャメロンとオズボーンを政界から追放し米国に急接近、旧大英連邦諸国との関係を重視し始めた。そして、米国では中国を敵視するトランプ政権が生まれ、世界各国で中国に反旗を翻す動きが出始めたわけだ。一帯一路は各所で分断され始め、南シナ海における航行の自由作戦により先進国が連携を始めたのだ。

そして、中国の一帯一路に対抗する形でインド太平洋ファンドが生み出され、中国に借金漬けにされた国の救済と利権の奪い返しが始まった。それが今回の米中貿易戦争の始まりであり、経済体制として、米国を選ぶのか中国を選ぶのかという踏み絵と軍事的連携と国家の同盟関係の見直しの動きになってゆくわけである。当然、日本もこの動きにおける重要なプレイヤーの一つである。

すでに戦後ではなく、戦前であり戦中であるのだといえる。戦争は結果的に引き起こされる現象にすぎず、問題の最終解決手段でもあるわけだ。そして、戦争において最も忌避すべきは、戦争に負けることであり、負け組側につくことである。武力による戦いに参加しなくても、勝ち組側に名を連ねるだけで戦勝国になれるわけだ。

本書は、歴史、地政学、政治学などを踏まえたうえで、お金という現実で世界を俯瞰《ふかん》した一冊である。その前提のもとに日本が、日本人が勝ち組に回るための指針を記したものでもある。知の巨人である宮崎正弘先生の胸を借りるかたちで、私も存分に語らせていただいた。みなさまのお役に立てれば幸いである。

平成三十一年一月

渡邉　哲也

［略歴］

宮崎正弘（みやざき　まさひろ）

評論家

1946年金沢生まれ。早稲田大学中退。「日本学生新聞」編集長、雑誌『浪曼』企画室長を経て、貿易会社を経営。82年『もうひとつの資源戦争』（講談社）で論壇へ。国際政治、経済などをテーマに独自の取材で情報を解析する評論を展開。中国ウォッチャーとして知られ、全省にわたり取材活動を続けている。中国、台湾に関する著作は5冊が中国語に翻訳されている。

代表作に『日本が全体主義に陥る日』『日本が在日米軍を買収し第七艦隊を吸収・合併する日』『激動の日本近現代史——歴史修正主義の逆襲』（ビジネス社）、『中国大分裂』（ネスコ）、『出身地で分かる中国人』（PHP新書）など多数。

渡邉哲也（わたなべ・てつや）

作家・経済評論家

1969年生まれ。日本大学法学部経営法学科卒業。貿易会社に勤務した後、独立。複数の企業運営に携わる。インターネット上での欧米経済、アジア経済などの評論が話題となり、2009年に出版した『本当にヤバイ！　欧州経済』（彩図社）がベストセラーとなる。内外の経済・政治情勢のリサーチ分析に定評があり、様々な政策立案の支援から、雑誌の企画・監修まで幅広く活動を行う。主な著書に『GAFA vs. 中国』『余命半年の中国経済』（ビジネス社）、『ゴーン・ショック！』（徳間書店）、『あと5年で銀行は半分以下になる』（PHP研究所）など多数。

2019年　大分断する世界

2019年2月1日　　第1刷発行
2019年3月15日　　第2刷発行

著　者　宮崎正弘　渡邉哲也
発行者　唐津 隆
発行所　株式会社ビジネス社
〒162-0805　東京都新宿区矢来町114番地 神楽坂高橋ビル5F
電話　03(5227)1602　FAX　03(5227)1603
http://www.business-sha.co.jp

〈装幀〉大谷昌稔　〈本文組版〉エムアンドケイ　茂呂田剛
〈印刷・製本〉中央精版印刷株式会社
〈編集担当〉佐藤春生　〈営業担当〉山口健志

ISBN978-4-8284-2074-5